Foucault
e o Cristianismo

Cesar Candiotto
Pedro de Souza
(Organizadores)

Foucault
e o Cristianismo

◈ ESTUDOS FOUCAULTIANOS

autêntica

Copyright © 2012 Os organizadores
Copyright © 2012 Autêntica Editora

COORDENADOR DA COLEÇÃO ESTUDOS FOUCAULTIANOS
Alfredo Veiga-Neto

CONSELHO EDITORIAL DA COLEÇÃO ESTUDOS FOUCAULTIANOS
Alfredo Veiga-Neto (UFRGS); Walter Omar Kohan (UERJ); Durval Albuquerque Jr. (UFRN); Guilherme Castelo Branco (UFRJ); Sílvio Gadelha (UFC); Jorge Larrosa (Univ. Barcelona); Margareth Rago (Unicamp); Vera Portocarrero (UERJ)

CAPA
Alberto Bittencourt

EDITORAÇÃO ELETRÔNICA
Christiane Morais

REVISÃO
Lílian de Oliveira

EDITORA RESPONSÁVEL
Rejane Dias

Revisado conforme o Acordo Ortográfico da Língua Portuguesa de 1990, em vigor no Brasil desde janeiro de 2009.

Todos os direitos reservados pela Autêntica Editora. Nenhuma parte desta publicação poderá ser reproduzida, seja por meios mecânicos, eletrônicos, seja via cópia xerográfica, sem a autorização prévia da Editora.

AUTÊNTICA EDITORA LTDA.

Belo Horizonte
Rua Aimorés, 981, 8º andar . Funcionários
30140-071 . Belo Horizonte . MG
Tel.: (55 31) 3214 5700

Televendas: 0800 283 13 22
www.autenticaeditora.com.br

São Paulo
Av. Paulista, 2073 . Conjunto Nacional
Horsa I . 11º andar . Conj. 1101 . Cerqueira César
01311-940 . São Paulo . SP
Tel.: (55 11) 3034 4468

Dados Internacionais de Catalogação na Publicação (CIP)
(Câmara Brasileira do Livro, SP, Brasil)

Foucault e o cristianismo / Cesar Candiotto, Pedro de Souza (organizadores) . -- Belo Horizonte : Autêntica Editora, 2012. -- (Coleção Estudos Foucaultianos, 10)

ISBN 978-85-8217-060-1

1. Cristianismo 2. Filosofia francesa 3. Foucault, Michel, 1926-1984 - Crítica e interpretação I. Candiotto, Cesar. II. Souza, Pedro de. III. Série

12-11924   CDD-194

Índices para catálogo sistemático:
1. Filosofia francesa 194
2. Filósofos franceses 194

A Philippe Chevalier e Michel Senellart, pioneiros na construção e difusão de um novo modo de ler o cristianismo em Michel Foucault.

Agradecimentos

A todos que deram apoio na organização do evento que deu origem a este livro: *I Fórum Internacional de Estudos Foucaultianos: O cristianismo em Michel Foucault*. Em especial a Nara Marques, pelo empenho na gestão do mesmo; ao CNPQ, ao Programa de Pós-Graduação em Psicologia e ao Programa de Pós-Graduação em Literatura da Universidade Federal de Santa Catarina, pela sustentação institucional e financeira.

Ao *Centre Michel Foucault* e ao *Institut Mémoires de l'Édition Contemporaine* (IMEC), por possibilitar a realização de boa parte das pesquisas aqui levadas a público.

À editora Autêntica, ao coordenador da coleção *Estudos foucaultianos,* Alfredo Veiga-Neto e aos membros da comissão editorial da coleção, especialmente a Guilherme Castelo Branco, pela confiança na competência de nosso trabalho.

Aos demais colaboradores, nacionais e internacionais, bem como àqueles que auxiliaram nas traduções, pela seriedade na escritura e apresentação dos textos.

Sumário

11 Apresentação
Pedro de Souza

15 As religiões e o cristianismo na investigação de Foucault:
elementos de contexto
Cesar Candiotto

23 A desrazão, a confissão e a profundidade do homem europeu
José Luís Câmara Leme

45 O cristianismo como confissão em Michel Foucault
Philippe Chevalier

57 Técnicas de si e subjetivação no cristianismo primitivo:
uma leitura do curso *Do governo dos vivos*
Anthony Manicki

73 Verdade e subjetividade: uma outra história do cristianismo?
Michel Senellart

93 A prática da direção de consciência em Foucault:
da vida filosófica à vida monástica cristã
Cesar Candiotto

111 A política das identidades como pastorado contemporâneo
Kleber Prado Filho

121 *Parresia*, prática de si e moral de código:
mais um elo do problema do sentido histórico em Foucault
Hélio Rebello Cardoso Jr., Alfredo dos Santos Oliva

129 A pastoral do silêncio: Michel Foucault e a
dialética entre revelar e silenciar no discurso cristão
Durval Muniz de Albuquerque Júnior

147 Entre o assujeitamento e a constituição de si:
pastoral cristã à luz de Michel Foucault
Edelcio Ottaviani, André Luiz Fabra, Jerry Adriano Chacon

157 Sobre os autores

Apresentação

Pedro de Souza

A primeira iniciativa da qual procede este livro foi o I Fórum Internacional de Estudos Foucaultianos, intitulado *O Cristianismo em Michel Foucault*. Organizado por Pedro de Souza, o evento foi realizado na Universidade Federal de Santa Catarina (UFSC), de 25 a 26 de novembro de 2010, e reuniu pesquisadores como Philippe Chevalier, Antony Manicki, Cesar Candiotto, Durval Albuquerque, Kleber Prado Filho e Pedro de Souza para refletir e partilhar investigações em torno das diferentes maneiras pelas quais Foucault problematiza o cristianismo ao longo de sua investigação. O fórum teve êxito notável e, pela primeira vez no Brasil, propiciou o espaço e a ocasião para que os especialistas expusessem as principais consequências acerca do pensamento foucaultiano a respeito do cristianismo. Os trabalhos apresentados em mesas-redondas, simpósios e conferências cuidaram de examinar de perto a que se chegou a pesquisas que têm explorado não só o que pensou Michel Foucault, mas como ele o fez, deixando pistas para novas investigações ligadas à problemática do sujeito em relação à verdade, à linguagem e à história.

A segunda iniciativa consistiu em reunir, neste livro, textos seletos apresentados no fórum, acrescentando as importantes contribuições de Michel Senellart e de José Luís Câmara Leme. Assim, a parceria entre estudiosos brasileiros e estrangeiros, já iniciada no fórum, tornou possível a publicação em língua portuguesa de trabalhos instigantes em torno da presença do cristianismo na obra de Michel Foucault.

Destarte o livro reúne trabalhos que, ao operar no âmbito do discurso foucaultiano, conduzem a refletir sobre a força ainda vigente do cristianismo em processos contemporâneos de objetivação e de subjetivação. Além disso, há estudos que visam experimentar as modalidades analíticas em torno da história do cristianismo – tal como as formulou Foucault – para tratar de práticas contemporâneas de religiosidade no sentido de compreender as modalidades atuais de relação consigo mesmo resultantes da vivência cristã.

José Luís Câmara Leme, em "A desrazão, a confissão e a profundidade do homem europeu", mostra-nos que, no prefácio original à *História da loucura na Idade Clássica*, Michel Foucault enuncia um programa de estudo que aparentemente não chegou a concretizar: a relação do homem europeu com a desrazão. Como a desrazão surgiu no fundo da Idade Média e como essa experiência diferencia o homem europeu do homem da Antiguidade clássica? A hipótese de que se partiu foi compreender a desrazão como uma experiência cristã. Foi na década de 1970 que Foucault desenvolveu os instrumentos e definiu o horizonte a partir dos quais essa especificidade cristã pôde ser pensada. Primeiro, a partir de uma nova modalidade de poder, o poder pastoral; depois, a partir de um novo horizonte de subjetivação, originalmente a mortificação de si, depois a identidade de si; e, finalmente, a partir de um novo domínio de saber, a exegese de si. Em suma, a desrazão é correlativa à nova experiência da verdade criada pelo cristianismo, que é a confissão.

Philippe Chevalier, em "O cristianismo como confissão em Michel Foucault", coloca em questão o fato de o cristianismo não consistir em um objeto histórico unificado nas inúmeras vezes em que Michel Foucault fez referência ao tema ao longo de sua obra. Como parte de uma pesquisa mais ampla, já publicada em livro,[1] Chevalier apresenta aqui algumas possibilidades de investigação da presença do acontecimento cristão no trabalho foucaultiano. O foco central do capítulo é mostrar como Michel Foucault, mais do que um fato histórico unificado, trata de mostrar a diferença cristã. O percurso adotado para essa reflexão apoia-se em duas hipóteses: a de que o cristianismo define-se como confissão; e a forma singular pela qual, para Foucault, a prática cristã aparece como a busca da salvação na imperfeição.

Anthony Manicki, em "Técnicas de si e subjetivação no cristianismo primitivo: uma leitura do curso *Do governo dos vivos*", reflete sobre a maneira como Michel Foucault analisa os modos de relação do sujeito com a verdade. No curso de 1980, Foucault distingue dois tipos de relação com a verdade entretida pelo sujeito cristão: um que o liga à verdade dele mesmo, por meio de práticas como, principalmente, a confissão; e outro que o liga à verdade de um conjunto de dogmas, por meio da frequência ao ensino dos mestres e à leitura das escrituras. Contudo, ainda que o mencione, Foucault não estuda nunca o segundo eixo. Mais do que considerar "esquecimento" ou omissão, Manicki, analisando o que Foucault voluntariamente deixou de lado em sua compreensão da subjetivação cristã dos primeiros séculos, aborda a singularidade da experiência de pensamento que constitui a leitura foucaultiana do cristianismo primitivo.

Michel Senellart, em "Verdade e subjetividade: uma outra história do cristianismo?", contrapõe o enfoque foucaultiano do cristianismo a várias outras abordagens e mostra como a de Foucault segue um fio condutor constante tomando como foco a problemática geral da confissão. Mais precisamente, o que caracteriza a visão foucaultiana é a relação específica que, na cultura cristã, vincula o sujeito à sua própria verdade, no esforço de

---

[1] CHEVALIER, Philippe. *Michel Foucault et le christianisme.* France: ENS Editions, 2011.

assegurar para si a salvação. A originalidade do texto de Senellart reside na consideração da pesquisa de Foucault como sequência de sucessivos fragmentos de uma "analítica", qual seja, a que visa destacar as formas originais de produção de subjetividade. O autor ressalta o fato de que é "a historicidade do sujeito, não a do cristianismo enquanto tal, que estaria no centro da reflexão de Foucault". Desse modo, Senellart põe em relevo a questão sobre que história do cristianismo é tratada no pensamento de Michel Foucault.

Cesar Candiotto, em "A prática da direção de consciência em Foucault: da vida filosófica à vida monástica cristã", apresenta uma dupla perspectiva da governamentalidade em Foucault: a primeira se refere à articulação entre governo dos outros e governo de si mesmo no poder pastoral cristão (Foucault caracteriza o poder pastoral como o gérmen da hermenêutica do desejo ocidental, enfocado na renúncia da vontade e na obediência integral); a segunda diz respeito ao governo de si mesmo e sua relação com o governo dos outros no estoicismo imperial, no qual se objetiva o senhorio de si pelo autocontrole da vontade. A escolha do contraste entre esses dois registros nesse momento neurálgico do Ocidente tem como escopo discutir a questão da direção de consciência como técnica de governo e como condução de condutas. Além disso, pretende-se salientar que, na direção de consciência do estoicismo romano, tal como apresentada por Foucault, é possível identificar a constituição de um processo singular de subjetivação, irredutível à hermenêutica da individualização e da interiorização, inaugurada no século IV d.C. pelo cristianismo monástico.

Kleber Prado Filho, em "A política das identidades como pastorado contemporâneo", busca estabelecer relações de proveniência entre aquilo que se pode denominar contemporaneamente uma política das identidades e a tecnologia de poder pastoral, tal como problematizada por Foucault. Segundo o pensador francês, o pastorado diz respeito a uma modalidade de operação do poder capilar e subjetivante, introduzida pelos hebreus e posteriormente desenvolvida na cultura cristã, caracterizando-se como prática de condução de almas. Ao longo da modernidade, tal tecnologia foi incorporada pelo Estado, mantendo seus efeitos subjetivantes e passando a operar como estratégia de governo dos vivos. Contemporaneamente, pode-se notar seus desdobramentos em termos de uma prática de condução dos indivíduos por jogos de identidade, possibilitando a regulação das suas condutas pela aplicação de uma política – pastoral – das identidades.

Hélio Rebello Cardoso Jr. e Alfredo dos Santos Oliva, em "*Parresia, prática de si e moral de código: mais um elo do problema do sentido histórico em Foucault*", indicam que a questão da *parresia* (em grego é grafado παρρησια, que significa "dizer a verdade"), um dos motes finais na investigação de Foucault, é também fonte de uma percepção foucaultiana acerca do sentido histórico. Inicialmente, são destacadas algumas características da *parresia* cristã a fim de entendê-la como prática de si no interior de uma moral calcada no autogoverno. Em seguida, discorre-se sobre outro grau de *parresia* baseado na moralidade dos códigos. Se for verdade, por um lado, que o cristianismo é determinado por uma moral prescritiva ou de código, deixando pouco espaço para a elaboração do autogoverno, não deixa de ser verdadeiro, por outro lado, que as práticas cristãs, geralmente relacionadas com o cristianismo primitivo ou seitas minoritárias, seguiram uma moral da experimentação baseada no autogoverno.

Durval Muniz de Albuquerque Júnior, em "A pastoral do silêncio: Michel Foucault e a dialética entre revelar e silenciar no discurso cristão", aborda como Michel Foucault tratou em suas obras do que chamou de poder pastoral e da dialética que o seu exercício pressupunha e propunha entre o revelar e o silenciar. O autor toma como ponto de partida um documento elaborado pela Congregação da Doutrina da Fé – dirigida à época pelo cardeal Ratzinger, atual papa Bento XVI –, intitulado *Carta aos Bispos da Igreja Católica sobre o atendimento pastoral das pessoas homossexuais*. A partir desse enfoque, discute-se como esse poder pastoral continua a operar nas sociedades contemporâneas, ao lado de outras formas de exercício do poder; e que consequências o funcionamento dessa modalidade de poder tem na vida das pessoas que vivenciam a condição de homossexuais. Analisa-se como esse documento explicita formas de saber e propõe modelos de subjetividade, que repercutem não só na vida individual dos homossexuais, mas também na forma como a sociedade vê, diz, concebe a homossexualidade e trata aqueles que assumem esse lugar de sujeito. O texto tenta pensar como os homossexuais constituem suas subjetividades e como jogam com a obrigação moderna de revelar a sua verdade mais íntima e a exigência cristã de silenciar seus desejos.

Edelcio Ottaviani, André Luiz Fabra e Jerry Adriano Chacon, em "Entre o assujeitamento e a constituição de si: pastoral cristã à luz de Michel Foucault", partem do termo *pastoral*, tal como empregado e praticado por fiéis da Igreja Católica, a fim de submetê-lo à crítica a partir do que formulou Michel Foucault sobre o poder pastoral. A ideia é ressaltar o encontro de perspectivas distintas e propor elementos para uma análise de como o recorte de Michel Foucault pode ser considerado um entrave à prática pastoral e algo a ser veementemente combatido. Os autores mencionam o caso da Opus Dei, confrontando-a com a prática da Teologia da Libertação, para, no interior dela, apropriar-se do pensamento foucaultiano sobre a pastoral como forma de poder. Trata-se de evocar as múltiplas perspectivas analíticas de Foucault em torno do exercício de poder e sua ligação intrínseca com a manifestação da verdade. O trabalho termina por tornar visível a economia política da instituição eclesial fazendo ver, finalmente, o quanto Foucault pode contribuir positivamente para uma crítica rigorosa que conspira para uma visão da prática pastoral como incitação à resistência em relação às práticas de dominação.

Capítulo 1

As religiões e o cristianismo na investigação de Foucault: elementos de contexto

Cesar Candiotto

O interesse pelas religiões ocupou um espaço significativo nas pesquisas de Foucault, principalmente nas décadas de 1970 e 1980. Com base nas publicações já existentes, dos manuscritos e áudios de conferências disponíveis no Centre Michel Foucault, é possível cartografar e analisar criticamente a importância em seu pensamento das práticas religiosas orientais e ocidentais.

Quanto às primeiras, podem ser lidas no contexto do fascínio pelo Oriente, como o Outro, o limite da cultura e da racionalidade ocidentais. Esse fascínio, magistralmente ilustrado no prefácio da primeira edição de *Histoire de la folie* (*História da loucura*) (1961), também foi marcado por viagens e experiências. Curiosamente, nessas viagens, sempre notamos um interesse singular pelas práticas religiosas. Podemos lembrar sua visita a um templo budista por ocasião de uma de suas incursões ao Japão em 1978, em seguida da qual comparou sucintamente a meditação zen e a confissão cristã, e seus processos de constituição do sujeito.

Conforme lembra David Macey,

> Foucault já trabalhava sobre a questão da "disciplina" no cristianismo e sua estadia no Japão lhe deu a oportunidade de estudar as técnicas de disciplina de si, muito diferentes, associadas ao budismo zen. Em preparação à sua viagem, ele havia lido e estudado algumas obras fundamentais sobre o budismo zen, principalmente aquelas de Alan Watts e D.T. Suzuky. Alguns dias no templo de Koryu-ji, em Kyoto, de mais de mil e quatrocentos anos, lhe permitiram passar da teoria à prática e tentar exercícios de meditação, não sem evidentes dificuldades. Esta aprendizagem do zen lhe deu, em seguida, a base de algumas considerações muito banais sobre as diferenças entre cristianismo e budismo: o primeiro sendo uma religião confessional, na qual somente a luz da fé permite sondar a alma, enquanto a purificação desta última dá acesso à verdade; já "no budismo é o mesmo tipo de iluminação que conduz o indivíduo a descobrir que

ele é aquilo que é a verdade. Em favor desta iluminação simultânea do eu e da verdade, o indivíduo descobre que o eu é nada mais que uma ilusão" (MACEY, 1993, p. 409).

Ainda que se interessasse pela filosofia do budismo, Foucault estava mais curioso por experimentar a prática do zen, "suas entranhas e suas regras" (FOUCAULT *apud* ERIBON, 1989, p. 330). Na mística cristã, busca-se, incessantemente, a individualização; tenta-se extrair aquilo que há no fundo da alma do indivíduo; já no zen, as técnicas espirituais procuram, inversamente, esvaziar o indivíduo.

Em 1978, na condição de jornalista, entusiasmou-se com as resistências político-religiosas islâmicas no Irã, ainda que seus artigos, entrevistas e cartas no *Corriere della Sera,* no *Le Monde* e no *Le Nouvel Observateur* e outros veículos fossem posteriormente objetos de severas críticas por seus prognósticos equivocados. Mas, nesse caso, Foucault se interessava mais pela resistência e pela sublevação política. Em uma publicação de 16 de outubro de 1978, no *Le Nouvel Observateur,* sintetiza:

> A aurora da história, a Pérsia, inventou o Estado e confiou suas receitas ao islã: seus administradores serviram de quadro ao Califa. Mas deste mesmo islã ela fez derivar uma religião que deu ao seu povo recursos indefinidos para resistir ao poder do Estado. Nesta vontade de um governo islâmico, devemos ver uma reconciliação, uma contradição ou o limiar de uma novidade? [...] Qual sentido, para os homens que o habitam [referência ao Irã], em procurar ao preço mesmo de sua vida, isso, já esquecido por nós, que é a possibilidade desde o Renascimento e as grandes crises do cristianismo: uma espiritualidade política (FOUCAULT, 1994, p. 694).

Até os dias atuais, o "erro" de Foucault em relação à insurreição islâmica no Irã é intempestivamente lembrado. Aquele "erro" ainda é lembrado quando se trata de criticar acadêmicos que fazem de suas curtas viagens em regiões de conflito dos países árabes verdadeiras manifestações de engajamento político. Decerto, a única vez que Foucault, na condição de jornalista, atreveu-se a elogiar um movimento político de resistência coletiva, anteriormente à alternância do poder político que o seguiu, parece ter se equivocado.[1] Não obstante, penso que nestas análises o mais relevante quiçá não seja a avaliação da insurreição popular em termos de êxito ou fracasso, mas sua singularidade como "acontecimento" e seus efeitos na constituição de uma subjetivação político-religiosa, há muito

---

[1] Os artigos de Foucault foram publicados entre setembro de 1978, e maio, de 1979. Eles podem ser encontrados, desde 1994, no volume III, dos *Dits et écrits,* p. 662-716. O conjunto destes escritos e sua repercussão na recepção crítica da época estão documentados em AFARY; ANDERSON, 2005, p. 179-278.

tempo esquecida no mundo ocidental. Se para Kant o mais marcante não era a Revolução propriamente tal, mas o "entusiasmo revolucionário" que a cercava; no caso dos episódios relacionados às visitas ao Irã, o que interessou a Foucault foi a insurreição de um povo em defesa do direito de viver e ser livre diante de um governo intolerável e não, como se pensa, a simpatia pelo clero integrista islâmico que passou a governar mediante o terror.

Penso que quando se trata da relação Foucault-religião, são os processos de individualização, subjetivação ou dessubjetivação o principal foco de seu interesse. A partir desse foco é que o cristianismo pode ser adequadamente compreendido em sua investigação como prática de si mesmo e como dispositivo de saber-poder.

Se bem é verdade que Foucault não publicou qualquer livro *sobre* o cristianismo,[2] foram as práticas religiosas cristãs ocidentais que proporcionaram maior interesse nas suas pesquisas genealógicas.

Começaremos por uma sucinta indicação nos livros das décadas de 1970 e 1980: *Surveiller et punir* (*Vigiar e punir*) e os três tomos editados de *Histoire de la séxualité* (*História da sexualidade*). Neles, a mais expressiva religião ocidental é frequentemente mencionada a propósito da genealogia das técnicas punitivas, das técnicas confessionais e das técnicas de subjetivação.

Em *Surveiller et punir* (1975), Foucault problematizou a constituição do indivíduo moderno em meio às práticas sociais pela elevação das disciplinas a tecnologias políticas de fixação identitária e ortopedia moral. As práticas cristãs de normalização do comportamento e docilização da alma, observáveis nas escolas e nos seminários, compunham com aquelas práticas institucionais "seculares" o canteiro histórico moderno da sociedade disciplinar. Pela perspectiva das práticas sociais, portanto, Foucault jamais apresentou uma ruptura total entre religião e cultura moderna, entre cristianismo e secularização.

Até mesmo quando passa a referir-se às práticas de si, essa posição é mantida. É o caso da problematização das práticas confessionais, pelas quais as modalidades modernas de enunciação do eu (*aveu*) das ciências do homem são genealogicamente referidas às antigas práticas cristãs da *exagouresis,* encontradas nos padres da Igreja dos primeiros séculos e, mais tarde, na obrigatoriedade da confissão auricular (*confession*).

Em "A vontade de saber", volume 1 de *Histoire de la séxualité* (1976), Foucault provocou os psicanalistas de sua época ao afirmar que o divã era um prolongamento do confessionário cristão. Não somente isso: a

---

[2] A esse respeito, caso algum dia o manuscrito *Les aveux de la chair* (*As confissões da carne*) seja editado, constituirá a referência fundamental para pensar a relação de Foucault com o cristianismo ou, pelo menos, aquele retratado pelos padres da Igreja nos cinco primeiros séculos, a propósito da sexualidade, da confissão.

confissão inaugurada pelo cristianismo se desdobrou na modernidade em uma pluralidade de formas: jurídicas, psicológicas, psiquiátricas e psicanalíticas. Em vez de um deslocamento dos procedimentos confessionais cristãos pela discursividade científica em torno da enunciação do eu, temos uma ciência-confissão moderna que continua a operar a extorsão da verdade do eu. A diferença é que o discurso cristão sobre o pecado e a salvação (*salut*) foi substituído, em parte, pelo discurso sobre o corpo e a vida das ciências (*santé*). Na genealogia das práticas confessionais, não estamos diante de um sujeito moderno liberto e autônomo que deixou para trás um sujeito obediente e reativo. Como lembra Foucault, ao falar da modernidade: "O homem, no Ocidente, tornou-se um animal confidente" (FOUCAULT, 1976, p. 80). A hermenêutica do sujeito, enfocada no discurso sobre si mesmo (pensamentos, desejos, atos, omissões), tornou-se a técnica privilegiada para saber quem se é e, com isso, uma das heranças mais evidentes da religião no âmago da modernidade científica.

Decerto a grande descontinuidade observável entre as práticas de si, encontramo-la nos volumes subsequentes de *Histoire de la séxualité*. Neles, o sujeito de desejo constituído nas práticas de si cristãs e nas ciências modernas do homem dá lugar ao sujeito mestre e senhor dos *aphrodisia* no contexto da relação entre mestre e discípulo. Nas escolas filosóficas clássicas gregas e na cultura de si greco-romana, retratadas nos volumes II e III de *Histoire de la séxualité,* a constituição do sujeito não estava fundamentada na enunciação do eu por parte do erômeno ou discípulo, mas no discurso verdadeiro enunciado pelo erasta ou mestre (*logos*), desde que esse discurso fosse expressão de uma maneira de viver boa e exemplar (*Bios*). Nesse contexto, ainda, é que Foucault apresentará diferenças significativas entre uma hermenêutica do sujeito inaugurada pelo cristianismo e os processos de subjetivação, legados pela cultura de si greco-romana.

Se somarmos aos livros o conjunto dos *Dits et écrits*, de 1994, principalmente os volumes III e IV,[3] encontramos textos nos quais o cristianismo é retratado a partir de núcleos de problematização que giram em torno das diferentes formas de constituição do sujeito em nossa cultura: as práticas confessionais e os processos de individualização, o poder pastoral e a resistência das contracondutas, o governo dos vivos na direção cristã e no estoicismo tardio, as técnicas relacionadas à escrita de si, à solidão, à castidade e ao uso dos prazeres. Muito provavelmente, este último núcleo, enfocado no estudo detalhado dos Padres da Igreja gregos e latinos, seria

---

[3] Das 53 citações do termo cristianismo nos *Dits et écrits*, 49 pertencem aos dois últimos volumes.

constitutivo do futuro livro, *Les aveux de la chair*.[4] Outros núcleos são correlatos aos livros publicados em 1975 e 1976. Enfim, grande parte das referências ao cristianismo nos *Dits et écrits* têm a ver com a preparação dos cursos no Collège de France ou seus desdobramentos em conferências nos EUA e outros países.

São esses cursos no Collège de France, que vêm sendo editados desde 1997, bem como sua disponibilização auricular e manuscrita ao lado de outras fontes primárias[5] no Centre Michel Foucault, que nos auxiliam a avaliar razoavelmente a importância do cristianismo no pensamento de Foucault. Seria um exagero aprofundar aqui exaustivamente as contribuições destas fontes primárias, muitas delas até agora pouco trabalhadas. Um sobrevoo pelos cursos que conhecemos, serve somente como amostragem de um trabalho que, em certa medida, será aprofundado neste livro.

No curso *Les anormaux* (1975/1999), ministrado no mesmo ano da aparição de *Surveiller et punir*, Foucault apresentou figuras como as do hermafrodita, do onanista e do monstro como representações cotidianas do anormal na sociedade disciplinar. Sob a perspectiva da normalização disciplinar, Foucault investigou, pela primeira vez, os arquivos relacionados à moral cristã da carne; percorreu a passagem da penitência primitiva até o sacramento da penitência no Concílio de Latrão em 1215; estudou o Concílio de Trento e a fundação dos seminários; distinguiu confissão e direção de consciência em autores cristãos como Afonso de Ligório e Habert.[6]

Já o poder pastoral cristão, problematizado em *Securité, territoire, population* (FOUCAULT, 2004), é considerado o início de um modo de governar no Ocidente, pelo qual processos de individualização são inseparáveis de processos de totalização, mais tarde secularizados pela biopolítica moderna quando esta procura fixar uma identidade e ao mesmo tempo busca regular a vida biológica de uma população. Em

---

[4] Caso, por exemplo, do escrito "Le combat de la chasteté" (DE, IV, p. 295-308). Trata-se de comentário ao livro *Institutions*, de Cassiano (sobretudo, o capítulo sexto "De l'esprit de fornication") e suas diversas *Conférences*. Cassiano desenvolve uma série de ligações entre o "excesso de nutrição e o desejo de fornicação" (idem, p.296) que resultarão no desenvolvimento de práticas de ascese e de tecnologias de si bem diferentes das morais pagãs que antecederam o cristianismo. Nessa ética cristã primitiva a ênfase é a relação consigo, porém ligada a um processo de conhecimento cuja obrigação de dizer a verdade de si mesmo é fundamental.

[5] A principal delas talvez seja o ciclo de conferências realizado na Faculdade de Direito e na Escola de Criminologia da Universidade Católica de Louvaina, em 1981, intitulado *Mal faire, dire vrai. Fonctions de l'aveu*. Conferir sua recente edição, como: *Mal faire, dire vrai. Fonctions de l'aveu en justice* (2012).

[6] Além da recomendação do curso *Les anormaux*, indicamos a preciosa "Situation du cours", realizada por Valerio Marchetti e Antonella Salomoni, quando tratam dos "manuscritos" de Foucault, particularmente o manuscrito sobre as práticas de confissão e direção de consciência" (MARCHETTI, V.; SALOMONI, 1999, p. 313-318).

Du gouvernment des vivants, um dos cursos mais analisados nesse livro, Foucault estuda os escritos dos padres da Igreja e seu contraste com os filósofos estoicos da Antiguidade Tardia, no intuito de apresentar continuidades e descontinuidades entre práticas de si, como a da direção de consciência. Em *L'herméneutique du sujet* (1982/2001), o cristianismo é contrastado ao estoicismo e ao epicurismo a partir do cuidado de si e da relação entre sujeito e verdade. Foucault dirá que não foi Descartes que reativou o conhecimento de si, ao negligenciar o cuidado ascético de si. Na verdade, o cuidado de si e a maneira de viver das escolas filosóficas teriam sido transferidos para a vida monástica cristã já a partir do século IV d.C., ao mesmo tempo que a filosofia medieval, inclusive grande parte da moderna, teria permanecido com um discurso voltado ao conhecimento, que não deixara de exigir a transformação do sujeito que conhece. Em *Subjectivité et vérité,* temas relacionados à sexualidade, como pureza e casamento, também são contrastados pelos conceitos de cuidado de si e de renúncia a si mesmo, entre uma perspectiva estoica (como a de Musonio Rufus) e a cristã. Já em *Le courage de la vérité* (1984/2009), quando se refere à *parresia* cínica, Foucault examina em detalhe a atitude de despojamento desse modo de vida com o desprendimento cristão observável no início da Igreja, mas também no movimento mendicante do século XIII. Convém lembrar ainda que a última aula oferecida no Collège de France (principalmente a segunda hora) é dedicada à *parresia* no Novo Testamento e nos padres da Igreja. Foucault indica que a tradição parresiástica cristã é tributária da tradição mística, enquanto a tradição ascética é antiparresiástica. A primeira invoca a confiança em Deus; a segunda está baseada no temor a Deus e na desconfiança a respeito de si mesmo.

A recepção crítica

Há algum tempo, diversos estudos em torno de Michel Foucault têm destacado a importância do cristianismo em seu pensamento. Na França, Michel Sennellart, editor dos cursos de 1978, 1979 e 1980, é quem mais tem contribuído nesse sentido. Em escritos como "A prática da direção de consciência" (2003, p. 153-174), o autor nos fornece uma comparação ímpar entre a *apatheia* cristã e a *apatheia* estoica. Suas notas e a "Situation du cours" de *Securité, territoire, population* (2004, p. 379-411) apresentam uma erudição singular sobre as referências cristãs utilizadas por Foucault e sua importância para o conjunto de sua investigação. Outra contribuição relevante é o recente livro de Philippe Chevalier, intitulado *Foucault et le christianisme* (2011), na verdade, o primeiro livro que discute exaustivamente a presença marcante do cristianismo no pensador francês.

Na Inglaterra, no Canadá e nos Estados Unidos, há publicações mais específicas sobre o tema que envolve este livro. Em grande parte dessas publicações, o cristianismo é inserido em preocupações mais amplas, que vão desde a diferença entre religião e cultura até as relações entre espiritualidade e política, ou entre teologia e corpo.

Jeremy Carrette reuniu diversas passagens em que Foucault trata da problemática da religião no livro intitulado *Religious and Culture by Michel Foucault* (1999). Igualmente, em *Foucault and religion: spiritual corporality and political spirituality* (2000), aprofundou as espiritualidades cristã e islâmica em sua relação com o corpo e a política. Outra obra relevante foi organizada por James Bernauer e Jeremy Carrette, *Michel Foucault and Theology: The Politics of Religious Experience* (2004). Os editores desse livro têm uma posição interessante a respeito da relação de Foucault com o cristianismo. Depois de mencionarem que, como pesquisador das religiões, ele ainda é um autor desconhecido ou de que a importância dele para a teologia permanece inexplorada, afirmam ainda que "[...] Foucault tanto se envolve com a tradição cristã quanto desafia criticamente seu regime disciplinar. Torna-se ao mesmo tempo 'adversário e guardião' da fé cristã, tensão que possibilita criar novas relações, mais inclusivas e menos opressoras dentro do cristianismo" (BERNAUER; CARRETTE, 2004, p. 1). Mas será que realmente é assim? Foucault, de fato, está preocupado com a "fé" cristã ou se trataria de outra coisa? Aliás, esta seja talvez a primeira coletânea que se tem notícia a se dedicar majoritariamente à interpretação detalhada dos textos de Foucault sobre o cristianismo.

No Brasil, a relação Foucault-cristianismo não foi ainda objeto de maior exploração acadêmica, exceto alguns artigos sobre o poder pastoral ou sobre as práticas confessionais. Nesse sentido é que a iniciativa de uma obra em língua portuguesa para discutir essa relação ajuda a preencher uma lacuna no conjunto de seu pensamento.

Vale advertir que as posições presentes neste livro sobre Foucault e o cristianismo não são unânimes, como se poderia esperar. Como se trata de um conjunto de elaborações teóricas que investiga a história genealógica de um pensamento ao mesmo tempo histórico e filosófico – e não de um livro de teologia –, o escopo dos organizadores jamais consiste em defender a unidade ou a coerência de uma doutrina religiosa específica, bem como criticar suas possíveis limitações. Ainda que um ou outro autor possa inevitavelmente emitir juízos a esse respeito, sob sua inteira responsabilidade, quanto a nós, procuramos somente enfatizar as diferentes possibilidades de leitura que a investigação de Foucault suscita em relação ao cristianismo.

Como já acenamos, privilegiamos destacar o cristianismo do qual trata Foucault não como conteúdo doutrinal, mas como dispositivo ou prática de si mesmo. A ênfase das contribuições consiste em problematizar de que modo o pensador francês toca temas e questões cristãs sem, contudo, entrar no debate da valoração de cunho religioso ou moral.

Referências

AFARY, J.; ANDERSON, K. B. *Foucault and the Iranian Revolution*. Gender and the Seductions of Islamism. Chicago and London: The University of Chicago Press, 2005.

BERNAUER, J.; CARRETTE, J. *Michel Foucault and Theology: The Politics of Religious Experience.* Burlington: Ashgate, 2004.

CARRETTE, J. *Foucault and religion: spiritual corporality and political spirituality.* London: Routledge, 2000.

CARRETTE, J. *Religious and Culture by Michel Foucault.* Manchester: Routledge, 1999.

ERIBON, D. *Michel Foucault*. Paris: Flammarion, 1989.

FOUCAULT, M. *Mal faire, dire vrai. Fonctions de l'aveu en justice.* Organizado por F. Brion et B. Harcourt. Louvain: Presses universitaires de Louvain, 2012.

FOUCAULT, M. *Histoire de la sexualité, I: La volonté de savoir.* Paris: Gallimard, 1976 (Coll. Tel)

FOUCAULT, M. *Sécurité, territoire, population. Cours au Collège de France, 1977-1978.* Édition établie par François Ewald et Alessandro Fontana, par Michel Senellart. Paris, Gallimard/ Seuil, 2004. (Coll. Hautes études).

FOUCAULT, M. A quoi rêvent les iraniens?. In: *Dits et écrits*, III. Paris: Gallimard, 1994.

MACEY, D. *Michel Foucault*. Paris: Gallimard, 1993.

MARCHETTI, V.; SALOMONI, A. "Situation du cours". In: FOUCAULT, M. *Les anormaux. Cours au Collège de France, 1974-1975.* Édition établie par François Ewald et Alessandro Fontana, par Valério Manchete e Antonil Salomoni. Paris: Gallimard/ Seuil, 1999, p. 313-318.

SENNELLART, M. La pratique de la direction de conscience. In: GROS, Frédéric; LÉVY, Carlos. (Org.). *Foucault et la philosophie antique.* Paris: éditions Kimé, 2003. p. 153-174.

SENNELLART, M. Situation des cours. In: FOUCAULT, Michel. *Sécurité, territoire, population. Cours au Collège de France, 1977-1978.* Paris: Gallimard/ Seuil, 2004. p. 379-411.

Capítulo 2

A desrazão, a confissão e a profundidade do homem europeu

José Luís Câmara Leme

No prefácio original à *História da loucura na Idade Clássica*, Michel Foucault enuncia um programa de estudo que aparentemente não chegou a concretizar: a relação do homem europeu com a desrazão. Como a desrazão surgiu nos primórdios da Idade Média e como essa experiência diferenca o homem europeu do homem da Antiguidade Clássica? A hipótese de que se partiu foi compreender a desrazão como uma experiência cristã. Foi na década de 1970 que Foucault desenvolveu os instrumentos e definiu o horizonte a partir dos quais essa especificidade cristã pôde ser pensada. Primeiro, a partir de uma nova modalidade de poder, o poder pastoral; depois, a partir de um novo horizonte de subjetivação, originalmente a mortificação de si, depois a identidade de si; e, finalmente, a partir de um novo domínio de saber, a exegese de si. Em suma, a desrazão é correlativa à nova experiência da verdade que o cristianismo criou a confissão.

*

> *"o homem ocidental aprendeu durante milénios o que nenhum grego sem dúvida jamais teria aceitado admitir, aprendeu durante milénios a se considerar uma ovelha entre as ovelhas"*
>
> (FOUCAULT, 2004, p. 134).

Introdução à vida devota, de São Francisco de Sales, é uma obra do século XVII que Foucault estudou atentamente. Trata-se de uma obra de charneira, pós-tridentina, que inaugura a nova devoção secular na espiritualidade católica.

Num dos seus capítulos mais famosos, que tem por tema a inquietação, encontramos a seguinte passagem:

A inquietação é o maior mal da alma, com exceção do pecado; assim, pois, como as sedições e as revoluções civis dum Estado o desolam inteiramente e o impedem de resistir aos inimigos exteriores, também o espírito inquieto e perturbado não tem força bastante nem para conservar as virtudes adquiridas nem para resistir às tentações do inimigo, que faz então todo tipo de esforços para pescar, como se diz, em águas turvas (François de Sales, *Introduction à la vie dévote*, IV, 11).[1]

Nesse trecho extraordinário podemos identificar um horizonte de problematização que atravessou a cultura ocidental nos dois últimos milénios: em primeiro lugar, a economia da inquietação, o que ela representa como ameaça e como princípio de análise. Depois, a sua geografia e ação: como ela se introduz na alma e a desagrega. Finalmente, a imagem política e bélica que identifica a unidade da alma com um Estado bem governado, que deixa de o ser no dia em que a sua unidade é questionada.

É claro que podemos reconhecer nesse texto toda uma tradição clássica. O eco da espiritualidade antiga[2] é de tal forma óbvio que podemos perguntar se não estamos perante um *pastiche*. Porém, se atentarmos um pouco mais no texto, encontramos um elemento que é estranho à tradição clássica: subjacente à imagem política de um estado fragilizado pelas sedições e atacado pelos inimigos exteriores, encontramos o inimigo por excelência, o *Adversário*: o demônio que nos tenta.

Se esse elemento cristão não nos é estranho, ele não deixa, contudo, de levantar problemas. Por outras palavras, vale a pena perguntar como as águas se tornam turvas e nesse desassossego nos perdemos. Como se constituiu a inquietação como princípio de queda, de fratura de si?

De que forma pensou Michel Foucault essa experiência e como é que ela ainda hoje nos diz respeito: é sobre isso que vamos falar.

★

A história do conceito de desrazão consente duas versões, uma triste, a outra misteriosa. A triste diz que de todos os conceitos que Michel Foucault inventou, a desrazão teve a vida mais curta. Não obstante o seu nascimento lhe auspiciar um lugar central na obra do filósofo, ela finda circunscrita a uma temática precisa e a um só livro. A versão misteriosa diz que, não obstante a referência explícita à desrazão desaparecer praticamente

---

[1] *"L'inquiétude est le plus grand mal qui arrive en l'âme, excepté le péché; car, comme les séditions et troubles intérieurs d'une république la ruinent entièrement, et l'empêchent qu'elle ne puisse résister à l'étranger, ainsi notre coeur étant troublé et inquiété en soi-même, perd la force de maintenir les vertus qu'il avait acquises, et quant le moyen de résister aux tentations de l'ennemi, lequel fait alors toutes sortes d'efforts pour pêcher, comme l'on dit, en eau trouble».*

[2] Sobre Marco Aurélio e a ideia de uma "fortaleza interior", ver HADOT, 1997.

dos escritos do filósofo, a sua problematização não só os atravessa, como se torna central na fase final.

Recordemo-nos que são três as versões da *História da loucura*: a edição original de 1961, a versão resumida de 1964 e a versão definitiva de 1972. O principal interesse da versão resumida prende-se com a recepção que a obra de Foucault teve no mundo anglo-saxónico. Como essa versão foi a primeira a ser traduzida, Foucault foi lido como um historiador dos costumes e das mentalidades (GORDON, 1990).[3] A comparação entre a edição original e a de 1972 traz a lume diferenças que são, a nosso ver, suficientemente grandes para autorizar duas leituras distintas.

A primeira diferença prende-se de imediato com o título: originalmente o título era *Razão e desrazão* e tinha como subtítulo *História da loucura na Idade Clássica*. Na versão de 1972, o título original foi suprimido e o subtítulo passou a título. A importância dessa alteração deixa-se compreender facilmente se se tiverem em conta as outras diferenças, nomeadamente a substituição do prefácio original e a presença de dois novos ensaios em adenda: "Loucura, ausência de obra", de 1964 (FOUCAULT, 1994a, p. 412-420), e a resposta a Jacques Derrida, "Meu corpo, esse papel, esse fogo", de 1972 (FOUCAULT, 1994b, p. 245-268). A consequência mais imediata da supressão do título e do prefácio original consiste na deslocação da tónica da obra: na primeira versão, a desrazão é uma noção crucial que o título e o prefácio bem atestam; na segunda, é a loucura que se destaca.

Essas duas modificações têm assim como efeito delimitar o escopo da obra: na primeira versão, a experiência da loucura na Idade Clássica é entendida como um capítulo de uma história maior, a da relação entre razão e desrazão; na segunda, é a desrazão que parece ser um fenómeno circunscrito à Idade Clássica.

A história misteriosa do conceito de desrazão exige assim que se esclareçam duas coisas: por um lado, aquilo que Foucault sustentou no prefácio original e que o levou posteriormente a suprimi-lo, de tal forma que autoriza que se estabeleça uma clivagem no seu percurso; por outro, o modo como uma outra problemática aí formulada não foi totalmente repudiada, antes explanada e aprofundada nos seus últimos trabalhos.

Como qualquer prefácio, também esse tem um teor programático; e quiçá não seja despropositado conjecturar que foi escrito depois da obra terminada, já que não se limita a apresentar o seu programa restrito, mas subsume-o num programa mais amplo de que ela é apenas uma primícia.

---

[3] Ver também o conjunto de artigos publicados pela revista *History of Human Sciences*, v. 3, n. 1 e 3, oct. 1990.

O programa maior que Foucault enuncia consiste numa "história dos limites". Esta decorre do pressuposto de que uma cultura pode ser pensada a partir ou da sua identidade ou dos seus limites. Porém, como esta última forma é mais radical, o estudo deverá começar por ela. Os limites de uma cultura são a região onde ela exerce as suas divisões originárias, isto é, "rejeita alguma coisa que será para ela o Exterior" (FOUCAULT, 1994a, p. 161). Por conseguinte, antes de se pensar a identidade de uma cultura, é preciso saber o que ela afasta; pois o gesto que exclui é o mesmo que isola o espaço onde se celebra a identidade.

Como o programa de pensar as escolhas essenciais de uma cultura, mormente a ocidental, é de filiação nietzschiana, Foucault não poderia deixar de reconhecer na recusa da tragédia "a estrutura trágica a partir da qual se faz a história do ocidente" (FOUCAULT, 1994a, p. 162). Atente-se, no entanto, que essa recusa não deve ser pensada apenas como a rejeição de uma forma dramática; trata-se, antes, de algo mais profundo, já que o que está em causa é a primazia de um horizonte de reconciliação em detrimento de uma experiência dilacerada do mundo. Assim, essa divisão originária não é tanto uma escolha substancial, mas é sobretudo a adopção de um *ethos* que denega a estrutura trágica que está subjacente a toda a divisão. Ao rejeitar a estrutura trágica, o Ocidente escolheu a história e as suas mediações. Mas há que se compreender ainda, nessa oposição entre a história e o trágico, o confronto entre o sentido e o sem sentido, na medida em que a tragédia acaba precisamente por consubstanciar a forma extrema de um sem sentido, a separação irreconciliável, e a história, pelo contrário, a de um tempo de mediação cujo sentido derradeiro é a reconciliação. É nessa medida que a história dos limites no Ocidente é essencialmente o confronto entre "as dialécticas da história e as estruturas imóveis do trágico" (FOUCAULT, 1994a, p. 161).

A história da loucura inscreve-se então num programa maior: estudar a história dos limites. Por conseguinte, outras "experiências-limite" (experiências em que uma cultura faz as suas escolhas essenciais) que gravitam em torno da cisão originária devem ser igualmente investigadas: depois da recusa da tragédia e da história da loucura, Foucault propõe que se estude a divisão em relação ao Oriente, em relação ao mundo onírico e em relação à sexualidade.

A divisão originária a partir da qual se constitui a história da loucura é a "cesura que se estabelece entre razão e não-razão" (FOUCAULT, 1994a, p. 160). Desse modo, antes dessa cesura, temos uma condição e uma linguagem originárias em que "loucura e não-loucura, razão e não-razão estão confusamente implicadas: inseparáveis, já que não existem ainda" (FOUCAULT, 1994, p. 160). É esse horizonte de indiferenciação que compromete o prefácio original, pois fá-lo pender para um *pathos* metafísico.[4] É certo que Foucault sublinha que a loucura em estado selvagem é inacessível e que só o estudo estrutural do conjunto histórico – noções, instituições, medidas jurídicas e policiais, conceitos científicos (FOUCAULT, 1994a, p. 164) – pode fazer remontar à raiz dessa separação originária, sem, contudo, percepcioná-la, pois ela já pertence ao mundo que a capturou. Porém, a loucura selvagem, a sua pureza primitiva, não deixa de ser postulada:[5] subjacente às dialéticas da história há uma cisão trágica que é fundadora da história, mas que escapa a esta.

Uma vez postulada essa condição originária e matinal, a história da loucura pode ser compreendida como uma "arqueologia do silêncio". Dado que a razão e a não razão se separaram, o diálogo entre a razão e a loucura terminou com o emudecimento desta. Agora, mesmo quando a loucura comunica, fá-lo com a linguagem da razão: seja sob a forma da "universalidade abstrata da doença", seja sob a forma da "coação física e moral do grupo ou da instituição" (FOUCAULT, 1994a, p. 160). É assim legítimo pensar que, como um *ápeiron*, também essa condição originária reclamará um custo daqueles que dela se separam, a saber: o silêncio da loucura e o monólogo da razão quando esta fala daquela.

Não obstante o conceito de escolha essencial reverberar um *pathos* metafísico, a verdade é que Foucault nunca o renegou totalmente. Por exemplo, mais tarde, na *Ordem do discurso*, sustentou que o vínculo com a verdade e a sua problematização são para o Ocidente também uma escolha (FOUCAULT, 1971, p. 64). Desse modo, se a recusa da tragédia é uma divisão originária, a escolha da verdade não é menos crucial.

Temos assim um programa maior que não foi totalmente esquecido, mas que sofreu uma inflexão decisiva: com *As palavras e as coisas*, vemos uma deslocação do interesse; agora já não se trata de sublinhar o que é rejeitado, mas sim de analisar a positividade de um saber. Em suma, temos uma deslocação do *outro* para o *mesmo* (FOUCAULT, 1966, p. 15). Isso não significa evidentemente que o *Exterior* tenha desaparecido, significa tão somente que, ao privilegiar-se a divisão originária, corre-se o risco de solicitar não só uma raiz reactiva para toda a cultura, como também um horizonte de indiferenciação que alojaria a memória de uma felicidade originária.

Como é evidente, a hipótese (mesmo operacional) de uma condição originária ou primeva comporta uma fragilidade que não escapou a

---

[4] F. Gros vai mais longe, pois considera que estamos perante um "drama metafísico" (GROS, 1997, p. 29).

[5] O primeiro a sublinhar as aporias inevitáveis que a ideia de uma "loucura selvagem" levanta foi Jacques Derrida (1967, p. 57). Mais tarde, Paul Rabinow e Hubert Dreyfus (1987, p. 18) insistiram que Foucault abandonou essa tese.

Jacques Derrida e que repugnava ao nominalismo posterior de Foucault (1976, p. 123). Assim, apesar de este não concordar substancialmente com a análise de Derrida, pois ela incide fundamentalmente sobre a leitura de uma passagem de Descartes citada na obra, a crítica teve os seus efeitos. Tenha-se em conta, no entanto, que um dos textos em adenda à edição definitiva de 1972, "Loucura, ausência de obra" (FOUCAULT, 1994a, p. 412-420), prova que, já no início dos anos 1960, Foucault se tinha dado conta de que a postulação de uma condição indiferenciada é insustentável. Com efeito, assistimos nesse texto a uma inflexão na forma de pensar a loucura: agora já não se trata de procurá-la a partir de uma condição originária, mas sim de perceber por que o Ocidente a inventou e a elegeu como o horizonte a partir do qual os homens interrogam a si mesmos. Claro está que isso não significa que a doença mental é uma fantasia, o que seria um supremo disparate, mas sim que ela não esgota a verdade da loucura.

A pertinência e a imprecisão de algumas teses sustentadas (com um primor literário, sublinhe-se) explicam, assim, que o autor tenha substituído o prefácio original por um outro, em que precisamente questiona o estatuto irrisório da "monarquia do autor" que todo prefácio procura celebrar (FOUCAULT, 1972, p. 10). Com efeito, passada uma década da sua publicação, tornou-se óbvio que a obra ganhara vida própria. Mais do que censurar uma leitura e aplaudir outra, importava agora pensar o curso histórico em que a obra desempenhou um papel influente (FOUCAULT, 1994b, p. 522).

O elemento decisivo (e esquecido) do prefácio original que é então preciso destacar é a experiência da desrazão. Ela aparece aí de duas formas: por um lado, ela confunde-se com a não razão, na medida em que Foucault como que sintetiza uma das teses da obra na afirmação de que a razão procurou arrancar à não razão a "sua" verdade da loucura (FOUCAULT, 1994a, p. 159) – nesse sentido, não razão e desrazão confundem-se, ou melhor, a primeira define a segunda; por outro, a desrazão é pensada em correlação com o homem europeu e com a profundidade da razão ocidental.

Vejamos a célebre passagem: "Os gregos relacionavam-se com alguma coisa que chamavam de *hybris*. Essa relação não era apenas de condenação; a existência de Trasímaco, ou a de Cálicles, basta para mostrá-lo, ainda que o seu discurso nos seja transmitido já envolto na dialética tranquilizadora de Sócrates. Mas o Logos grego não tinha contrário. O homem europeu, desde o fundo da Idade Média, relaciona-se com alguma coisa que ele chama confusamente de: Loucura, Demência, Desrazão. É talvez a essa presença obscura que a Razão ocidental deve alguma coisa de sua profundidade " (FOUCAULT, 1994a, p. 160).

Se suspendermos a tese referente à relação entre *logos* e *hybris*, pois ela exige um estudo próprio, e se tivermos em conta que ao longo da

História da loucura a distinção entre desrazão, loucura e demência é clara, podemos concluir que o elemento novo em relação à Antiguidade Clássica, e que surgiu no fundo da Idade Média, é a desrazão. Quer isto dizer que a experiência da desrazão é constitutiva do homem europeu: é a relação deste com a desrazão que explica a profundidade da Razão ocidental, mas também a sua própria profundidade.

Estamos assim perante uma tese de grande alcance: um traço distintivo do homem europeu é a relação que ele tem com a desrazão. A experiência limite do confronto com a desrazão é constitutiva do homem europeu. É a partir dessa relação que é possível pensar a história da loucura.

As consequências da substituição do prefácio original são desse modo evidentes. Inicialmente temos a desrazão como o horizonte a partir do qual a história da loucura foi pensada como uma história dos limites. Com a supressão do prefácio original, esse confronto originário deixa de ser evidente; mas, sobretudo, desaparece o momento histórico a partir do qual o homem europeu se constituiu e se relacionou com a desrazão.

A versão definitiva da *História da loucura* aborda a relação do homem europeu com a desrazão em três momentos: primeiro, durante a Renascença, como confronto cósmico; depois, na Idade Clássica, em que "o negativo vazio da razão" se substancia na inumanidade; e finalmente na Idade Contemporânea, em que ela começa por ser uma "dialética sem mediação do coração" (FOUCAULT, 1972, p. 381). Esses três momentos descrevem o percurso de uma interiorização, ou seja: a passagem de uma relação que o homem trava consigo mesmo, mediatizada pelos "poderes surdos do Mundo" durante a Renascença, à relação consigo mesmo mediatizada por uma razão soberana e pelos Outros na Idade Clássica e, finalmente, à relação consigo mesmo informada pelos valores e pelas imagens que se sedimentaram na cultura ocidental, mormente as sínteses morais que a Idade Clássica realizou durante o *Grande Internamento*, na Idade Contemporânea.

Cabe assim perguntar se a tese enunciada sobre a desrazão e o homem europeu apresentada no prefácio original foi posteriormente retomada por Foucault.

★

A hipótese que queremos expor é a seguinte: a experiência da desrazão é uma experiência cristã. Foi no quadro da cultura cristã que a desrazão se constituiu como uma modalidade da experiência que o homem europeu tem consigo mesmo. Se esta ideia parece ser óbvia, por que Foucault não a examinou inicialmente?

A resposta é evidente: porque era preciso saber o que faz a especificidade do cristianismo, pois o homem europeu é fundamentalmente um produto do cristianismo. Mas como pensar a especificidade do cristianismo em função do homem europeu?

Foi na década de 1970 que Foucault desenvolveu os instrumentos e definiu o horizonte a partir dos quais essa especificidade pode ser pensada, a saber: primeiro, a partir das relações de poder. Nesse sentido era preciso perguntar: que modalidade de poder é própria ao cristianismo? Segundo, a partir de que formação do saber. Nesse sentido era preciso perguntar: que domínio novo do saber foi criado e explorado pelo cristianismo? Terceiro, a partir das formas de subjetivação. Nesse sentido era preciso perguntar: que relação de si a si se constituiu com o cristianismo? Ou, de uma forma mais nobre: qual é o *ethos* do cristianismo?

Como é inevitável, reconhecemos aqui a presença de três eixos, do poder, do saber, do *ethos*, cuja correlação constitui, para Foucault, uma experiência (FOUCAULT, 1984, p. 10). Nesse sentido, se a desrazão é uma experiência específica do cristianismo, é-o na medida em que esses três eixos concorrem para que um sujeito se constitua e se reconheça como sujeito da desrazão. Ou, dito de uma forma mais apelativa: como um sujeito encontra em si o apelo que o faz soçobrar nas águas turvas de que fala São Francisco de Sales? Por que esse princípio de queda é correlativo ao homem europeu? Por que não podemos pensar o homem europeu sem essa inquietação que o atormenta?

Vejamos o que Foucault sustentou nos seus últimos cursos, e que nos autoriza a dizer que a desrazão é uma experiência correlativa ao cristianismo. Resumidamente, a resposta às questões levantadas é a seguinte: primeiro, com o cristianismo temos uma nova mecânica de poder: o poder pastoral; segundo, com o cristianismo temos um novo domínio de saber: a exegese de si; terceiro, com o cristianismo temos um novo horizonte de subjetivação: a mortificação de si. Em suma, a desrazão é correlativa a estes três eixos: a um novo governo das almas, a um sondar indefinido de si mesmo e a uma nova economia de salvação, que se realiza sob o signo da *apatheia*.

Do curso no Collège de France de 1978, intitulado *Segurança, território e população*, e dos vários ensaios que Foucault escreveu a partir dos meados da década de 1970 sobre o poder pastoral – no contexto de uma história da governabilidade (FOUCAULT, 1994d, p. 134) –, é possível destacar três dimensões decisivas: em primeiro lugar, o aparecimento dessa nova mecânica de poder com o cristianismo; depois, a crise geral do pastorado nos séculos XV e XVI, decorrente da recusa das formas tradicionais de direção espiritual, e a conversão dessa mecânica a outros domínios, sob a forma ampla de governo; e, finalmente, as novas formas de exercer o poder no Ocidente a partir do século XVIII, que têm por objeto tanto o indivíduo (a alma) e a população (o rebanho) (FOUCAULT, 1994d, p. 231) como a própria segurança, o crescimento e o bem-estar do Estado e dos seus cidadãos.

Isso significa que o aparecimento de uma mecânica do poder individualizante na era moderna é entendido como o resultado de um processo de secularização (FOUCAULT, 1994c, p. 550) – atente-se à apropriação da disciplina monástica pelo poder disciplinar descrita em *Vigiar e punir* –, uma vez que o poder pastoral passa a ser exercido em esferas exteriores à instituição religiosa e sofre mudanças de objetivo muito precisas (FOUCAULT, 1994c, p. 551). Por exemplo, a salvação, que no contexto religioso se encontra noutro mundo, é agora assegurada na Terra. Donde não só a noção de salvação adquire novos sentidos, por exemplo, saúde, bem-estar, segurança e proteção, como a própria matriz dessas novas formas de "cura" deixa de ser a religião e passa a ser a medicina (FOUCAULT, 1994a, p. 579). Em suma, o Estado-Providência e a solicitude terapêutica das sociedades modernas são compreendidos como formas seculares do poder pastoral.

Estamos deste modo perante uma tese extremamente importante na obra de Foucault: é no quadro de um poder pastoral que o homem ocidental se confronta e se deslumbra consigo mesmo, porque é essa mecânica que o faz descobrir como um "caso".[6] Assim, se num primeiro momento a noção de indivíduo foi pensada a partir do poder disciplinar, agora essa técnica é um ramo do poder pastoral e o horizonte da individuação transcende os efeitos da normalização. A possibilidade de o sujeito soçobrar no seu próprio abismo deixa de ser uma experiência negativa, para ser antes a positividade de uma alma que inventa e celebra a sua singularidade.

A questão que decorre desta hipótese irónica é então a seguinte: "o que significa, para o Homem Europeu, viver numa sociedade onde se exerce um poder de tipo pastoral?" (FOUCAULT, 1994c, p. 562). Para Foucault, são três as consequências: a salvação obrigatória, a confissão e a mortificação.

A primeira consequência do poder pastoral é a obrigação de todo indivíduo procurar a sua salvação. Mas a salvação, no Ocidente, comporta "um estranho paradoxo": por um lado, é um assunto individual, no sentido em que cada um tem de cuidar da sua salvação; e, por outro, as formas que ela toma não são livres, na medida em que são previamente definidas e passam pela relação com o pastor (FOUCAULT, 2004, p. 134). É nesse sentido que a salvação – mesmo nas suas formas seculares – é uma obrigação que está indexada à presença de um outro.[7]

---

[6] Há todo um percurso que vai do problema dos *lapsi* nos primórdios do cristianismo à economia do exame na idade contemporânea. Sobre os *lapsi*, ver o curso *Segurança, território, população* (FOUCAULT, 2004, p. 177). Sobre a noção de "caso", ver *Vigiar e punir* (FOUCAULT, 1975, p. 193).

[7] É digna de nota a aversão que a psicanálise tem para com a autoanálise, pois ela pode representar uma forma de resistência ao tratamento. Como é evidente, temos aqui não só o tema cristão do apego a si mesmo como obstáculo à salvação, como também o da "voz" que nos ilude e nos afasta da verdadeira cura.

A segunda consequência do poder pastoral é, portanto, a função que o pastor desempenha na salvação. Esta não é uma atividade solitária, porque ela só é possível na condição de se aceitar a autoridade do outro. As ações e os pensamentos devem ser do conhecimento do pastor, e este tem o poder de ajuizar sobre esses assuntos. Desse modo, com o aparecimento do poder pastoral no Ocidente, estamos perante uma nova forma de culpabilização, que era até então desconhecida (FOUCAULT, 1994c, p. 563). A par das leis cuja infracção é punida, temos a vigilância permanente, fina e cerrada, sobre dimensões da vida que eram anteriormente descuradas pelo poder e que agora o pastor controla em nome da salvação.

A terceira consequência é a mortificação como obediência interiorizada. Ao contrário da sociedade greco-romana, em que o sentido da submissão se encontra no fim para que tende, por exemplo, na aptidão que se adquire pelo ensino, agora a obediência é uma virtude, tem um mérito próprio. A relação com o pastor deve ser de obediência e tem na confissão a sua prova, já que esta esvazia o coração de uma vontade própria, a vontade que a vergonha esconde e o orgulho alimenta, para dar lugar à humildade: a modéstia de ser o último (FOUCAULT, 1981, 4ª conferência).

Essa humildade cristã como obediência absoluta e interiorizada – a mansidão dos *bem-aventurados* celebrada no *Sermão da Montanha* – exige uma técnica específica, que passa por uma inversão decisiva nas relações entre mestre e discípulo (FOUCAULT, 1994d, p. 143). Com efeito, o pastor pode ser tomado como um mestre: ele ensina a verdade da escritura, da moral e dos mandamentos da Igreja. Por outro lado, para exercer o seu papel de pastor, ele tem de conhecer também outra verdade, a das suas ovelhas: o que elas fazem e pensam. Tem de conhecer a interioridade delas, porque é aí que reside aquilo que verdadeiramente as pode extraviar. Temos assim a confissão como a produção de uma verdade requerida pelo exercício do pastorado; esta permite não só ao pastor o governo das almas a partir da verdade que elas mesmas produzem, como também, aos próprios confessados, conhecerem-se de uma nova forma. O elo que fortalece a relação de obediência do confessado para com o pastor, e a solicitude deste para com o primeiro, é a verdade que ambos partilham, e que é decisiva para a economia da salvação de ambos.

Em suma, o poder pastoral exerce-se através de um vínculo de verdade. Esse vínculo é tão mais forte quanto mais a ovelha se examine a ela própria e dê a conhecer ao pastor a sua verdade (FOUCAULT, 1994c, p. 549). Temos então, a par da nova mecânica de poder específica do cristianismo, o poder pastoral, uma segunda especificidade do cristianismo, que é a injunção da verdade.

Para Foucault, o cristianismo tem, como traço distintivo, o impor aos seus seguidores uma "obrigação de verdade" (FOUCAULT, 1994d, p. 171). Essa obrigação, que se efectiva como efeito do poder pastoral, tem duas dimensões: a verdade da autoridade e a verdade de si mesmo.

A verdade da autoridade significa que todo crente está obrigado a tomar um conjunto de dogmas e de textos como fonte de verdade; está obrigado a aceitar as decisões da Igreja como matéria de verdade; e, finalmente, está não apenas obrigado a crer nessas verdades, como tem também o dever de as proclamar.

A verdade de si consiste no dever de todo cristão se conhecer a si mesmo – o seu interior e as suas faltas, as tentações, os pecados cometidos – e de dar a conhecer essa verdade a outrem. Por sua vez, essa dupla obrigação de verdade, a obrigação de conhecer a verdade de si e de a confessar, e a verdade da autoridade, a começar pela verdade do texto, concorrem articuladamente para a salvação. Logo, essas duas obrigações complementam-se: por um lado, o conhecimento de si é sustentado pela luz da fé (a verdade da autoridade) e, por outro, a verdade da fé só é acessível àquele que previamente se purificou através de um conhecimento de si.

Para Foucault, essas duas formas de veridicção cristã que concorrem para a salvação jogam-se em torno de duas noções-chave que datam dos primórdios do cristianismo, a *exomologese* e a *exagoreusis*. Essas duas formas correspondem a práticas distintas e têm também um índice histórico diferente (FOUCAULT, 1994d, p. 126). A primeira é mais ampla e significa "acto de fé". Como "acto de fé", a *exomologese* é um acto que visa manifestar simultaneamente a verdade e a adesão do sujeito a essa mesma verdade. Nesse sentido, ela releva de uma verdade da autoridade, que é preciso anunciar aceitando as consequências desse acto: proclamar a verdade da Fé, do Dogma, do Livro e da Igreja.

A verdade revelada não é, pois, uma simples questão de crença, é um comprometimento, que tem consequências na forma de viver, a começar pela obrigação de proclamar essa mesma verdade. Em suma, temos a profissão de fé como uma forma de *parresia*:[8] uma forma de veridicção em que a verdade confessada comporta um risco vital. O modelo dessa veridicção é assim, inevitavelmente, o mártir, aquele que dá a vida pela fé, por oposição àquele que por falta de coragem abjura a verdade.

A *exagoreusis*, por sua vez, é uma forma de veridicção correlativa a uma direcção de consciência, que comporta para Foucault três dimensões

---

[8] Este é, aliás, um dos temas do seu último curso no Collège de France, *A coragem da verdade*, a passagem da *parresia* cínica (o escândalo da verdade) para a *parresia* cristã (o martírio) e como ambas formaram finalmente a matriz das formas modernas de militância (FOUCAULT, 2009, p. 261).

fundamentais: uma relação de dependência, uma forma de praticar o exame de consciência e a obrigação de expor a totalidade dos movimentos do pensamento. É nos séculos IV e V que essa forma de veridicção aparece no mundo monástico, sob a forma da confissão. Temos aqui um regime de verdade que era desconhecido na Antiguidade Clássica e que ainda hoje se repercute em nós.

Vejamos então essas três dimensões da nova direção espiritual que Foucault intitula "hermenêutica do eu". Comecemos por ver como Foucault define a direção antiga, tal como era praticada na Grécia e em Roma, para depois vermos a direção cristã.

A direção antiga tem, para Foucault (1981, 4ª conferência), quatro características: primeiro, é provisória, ou seja, é uma relação que dura o tempo de uma aprendizagem; segundo, obedece a um princípio de competência, aquele que guia sabe mais do que o guiado; terceiro, ela consiste na aprendizagem de um código, isto é, de um conjunto de regras que define um modo de vida; e quarto, ela pressupõe a substituição da mestria, quer dizer, uma vez aprendido o código, e senhor de si mesmo, o discípulo pode tornar-se por sua vez mestre.

Ora, essa forma de direção, que tem por modelo a pedagogia e por objetivo o domínio de si, foi, segundo Foucault, destruída pelo monaquismo. A relação pedagógica antiga foi revolvida a partir da instauração de um novo princípio fundamental: a relação de obediência deve ser contínua e permanente. Toda ovelha, noviça ou anciã, tem necessidade de alguém que a dirija. Portanto, se ao longo da existência deve sempre haver uma relação de submissão a alguém, ninguém pode ser considerado definitivamente mestre.[9]

A formalidade é outra característica da relação de obediência cristã. Se, na Antiguidade Clássica, a relação com o mestre estava fundada na autoridade deste último (na sua sabedoria e competência[10]), no monarquismo, a obediência tem um valor em si. Por outras palavras, o valor da obediência não releva da qualidade da ordem, mas do facto de se obedecer. Isso não significa, no entanto, que não haja diferença entre os mestres; mas, se na Antiguidade Clássica era a sapiência que definia o bom mestre, agora aquele que é o bom guia, aquele que faz progredir na santidade e conduz à verdade pode ser aquele que é um "mau" mestre, ou seja, que é injusto, desabrido e dá ordens absurdas. Isto é, o "bom" mestre é aquele que não deixa nenhuma liberdade ao discípulo. É nesse contexto que aparecem as

---

[9] Sobre "a instância da obediência pura", ver FOUCAULT, 2004, p. 177.

[10] Sobre a mestria na Antiguidade Clássica (mestria do exemplo, da competência e socrática), ver *Hermenêutica do sujeito* (FOUCAULT, 2001, p. 123-124).

histórias que narram as ordens "absurdas" cujo cumprimento conduz à santidade (FOUCAULT, 2004, p. 180).[11] Foucault cita o célebre caso do monge João, cujo mestre o obrigou a plantar um pau seco no deserto e a regá-lo duas vezes por dia.[12] Donde o exercício não está isento de ensinamento, uma vez que é em termos de "provas de obediência" que essas ordens aparentemente absurdas são dadas.

São assim três as características da relação de obediência no monaquismo, que a distinguem da relação mestre-discípulo na Antiguidade Clássica: primeiro, é uma obediência contínua e indefinida; segundo, é formal; e terceiro, é autorreferente.

O estado de obediência, por sua vez, manifesta-se, segundo Foucault, através da prática de três virtudes: a humildade, a paciência e a submissão. A humildade, porque ela consiste em um sujeito se considerar sempre o último no meio dos outros, o que faz com que a obediência seja possível, já que nunca se deve questionar o outro (FOUCAULT, 1994d, p. 564). A paciência, porque nunca se deve resistir a uma ordem dada, deve-se antes abolir a vontade própria, deve-se ter por modelo o cadáver. E a submissão, porque para todas as dimensões da vida deve haver uma regra, um comando.

Desse conjunto de virtudes que manifesta e indica o sujeito obediente do monaquismo, a submissão tem, para Foucault, um estatuto particular. Essa nova virtude é absolutamente crucial, porque se opõe ao modo como a Antiguidade Clássica conhecia a obediência. Com efeito, com o monaquismo, a submissão penetra em todo comportamento – para todas as dimensões da vida deve haver um outro que comanda, uma regra que diz o que se deve fazer –, ao contrário do que acontecia na Antiguidade, que pensava a submissão em função de uma condição provisória e de um *telos*.

Na submissão monástica temos portanto o inverso do ideal da pedagogia antiga, a renúncia a si mesmo. É contra a soberba de quem quer ser senhor de si mesmo que as novas virtudes são praticadas (FOUCAULT, 1994d, p. 809). A regra ou ordem que deve ser solicitada e cumprida submissamente para todas as dimensões da vida; a paciência de nunca contestar a voz do comando; e, enfim, a humildade de se saber sempre o último: eis a notória mansidão da ovelha que nunca se aparta do seu pastor. E, no entanto, esse mesmo pastor é capaz de abandonar o rebanho para seguir a ovelha desgarrada e, jubiloso, levá-la aos ombros para o aprisco.[13]

---

[11] Ver também FOUCAULT, 1981, 4ª conferência. Andrei Tarkovski recorre a este apotegma dos padres do deserto no seu último filme, *O Sacrifício* (TARKOVSKI, 1990, p. 275).

[12] Como é inevitável, essa célebre anedota tem várias versões, o próprio Foucault nem sempre narra a mesma. Na versão mais simpática à piedade frouxa, após cumprir a ordem por dois anos, o pau acaba por florir.

[13] *Novo Testamento*, Lucas, 15, 3-7.

A adaptação das técnicas de si pagãs no exercício do poder pastoral é, para Foucault, outra característica decisiva da espiritualidade cristã. Nesse sentido, embora o autoexame pareça ter a mesma forma que tem no estoicismo, ele obedece a dois novos princípios: o da obediência e o da contemplação (FOUCAULT, 1994, p. 808). Como vimos, a relação com o mestre na filosofia antiga é, segundo Foucault, instrumental, ou seja, provisória, porque o objectivo é o discípulo ascender a uma vida autónoma; ao invés, a obediência na vida monástica é completa, permanente e autorreferente.

O outro princípio da disciplina monástica é, para Foucault, a contemplação, ou seja, o monge deve concentrar os seus pensamentos em Deus. Se o seu coração for firme e a sua alma pura, pode receber de Deus a luz divina. O autoexame que os monges devem praticar consiste, então, numa inspecção do curso dos pensamentos que, por um lado, reforça a firmeza de conduta em relação à concentração necessária à contemplação e, por outro, identifica os pensamentos que interferem com essa mesma contemplação. Assim, a matéria-prima para a autoinspecção consiste nos movimentos imperceptíveis do pensamento – "cogitações" no seu sentido original – que arrastam a alma em todas as direcções, e assim a afastam de Deus (FOUCAULT, 1994d, p. 128).

Por conseguinte, com o cristianismo surge um novo domínio sobre o qual se faz exame de consciência: agora já não são as acções praticadas e a sua adequação ou inadequação aos princípios, mas é o próprio pensamento que é examinado. Por outras palavras, temos, segundo Foucault, um deslocamento do acto para a cogitação.

Na espiritualidade orientada para a unificação, concentração e imobilização do pensamento em Deus, o obstáculo maior é a agitação interior do pensamento. São duas as consequências dessa mobilidade: o pensamento divergente impede a contemplação, e o pensamento engana-se a si mesmo.[14] Com a primeira temos, para Foucault, uma deslocação essencial no modo de pensar o próprio pensamento. Com efeito, para os antigos, essa actividade permanente não era algo de necessariamente negativo, embora a curiosidade fosse claramente temida.[15] Agora ela é claramente repudiada, porque representa um obstáculo à contemplação. Mas essa agitação do pensamento, que impede a sua imobilidade em Deus, resulta igualmente num pensamento que se ilude a si mesmo. Ela atesta bem a diferença entre

---

[14] A fonte de Foucault para esta análise da espiritualidade monástica são as obras de João Cassiano, *Instituições cenobíticas* (1965) e *Conferências* (1966).

[15] Sobre a conversão a si e as formas de disciplinar a curiosidade, ver *Hermenêutica do sujeito* (FOUCAULT, 2001, p. 197-214).

a atenção a si estoica e a interioridade cristã: para os primeiros, tratava-se de evitar as opiniões falsas que representam, antes de mais, um engano sobre a ordem do mundo; na espiritualidade cristã, não é a ilusão sobre as coisas do mundo que está em causa, mas sim a ilusão sobre si mesmo.

Essa interrogação do pensamento que se engana a si mesmo representa pois uma deslocação crucial, na medida em que já não está de todo em causa a qualidade do juízo, mas sim a origem do próprio pensamento. Por outras palavras, temos uma nova problematização: trata-se agora de saber de onde vêm as ideias. Qual é a sua proveniência? O pensamento vem de Deus ou do Demónio? É por essa razão, sublinha Foucault, que é preciso vigiar sem cessar os próprios pensamentos: descortinar, no fundo de si mesmo, a origem do pensamento.[16] Isso é absolutamente fundamental na história das relações entre verdade e sujeito, porque transfere o problema da ilusão para dentro do próprio pensamento. Com este novo objecto de inquietação, a qualidade e origem do pensamento, temos uma nova relação de si a si, já que a principal ameaça que o sujeito enfrenta se encontra dentro dele mesmo. Em suma: é essa estranha relação de si a si que enuncia o homem europeu.

A partir de uma análise dos textos de João Cassiano, Foucault mostra como a hermenêutica de si representa, na história do pensamento, um momento absolutamente crucial: "Penso que é esta a primeira vez na história que os pensamentos são considerados como possíveis objetos de análise" (FOUCAULT, 1980, p. 219). Nessa prática de autoexame, coloca-se então o problema da verdade dos pensamentos. Mas, como o problema da verdade não se põe em termos da correlação entre a ideia e o seu referente, põe-se, sim, a propósito da qualidade e substância do próprio pensamento, é preciso uma nova forma de destrinçá-las, em suma, uma nova técnica.

O modo de procedimento desse exame de si que visa discriminar os pensamentos deixa-se compreender, segundo Foucault, através de algumas imagens propostas por João Cassiano: tal como o moleiro, que selecciona os grãos, também devemos afastar os maus pensamentos; tal como o oficial, que põe os soldados em linha e distribui as tarefas de acordo com

---

[16] Em *Mal faire, dire vrai*, Foucault (1981, 4ª conferência) dá como exemplo o monge a quem ocorreu a ideia de fazer jejum. Essa ideia, aparentemente boa, porque contribui para a convergência em Deus, ao ser analisada, pode revelar outras coisas, por exemplo: o desejo de ele se valer sobre os outros monges. Além do mais, ao praticar o jejum, ele corre o risco de enfraquecer o corpo de tal forma que acabe por ceder à gula. Donde uma ideia boa pode ocultar outra. Resumidamente, trata-se de saber se um pensamento não dissimula outro, se as "ideias boas" não são um disfarce para as ideias induzidas pelo demónio. Desnecessário será recordar como essa suspeição de si a si se incorporou no homem europeu e o conduziu a esse indefinido exame de si em que a verdade que lhe escapa acaba por fazê-lo perder-se.

as capacidades, também devemos inspeccionar os nossos pensamentos; tal como o cambista, que examina, sopesa e verifica as moedas, também devemos ser os cambistas dos nossos pensamentos: devemos verificar a sua qualidade, ou seja, saber se eles vêm de Deus ou do Demónio.

Em suma, o exame de consciência aparece agora como uma triagem dos pensamentos. São quatro as características fundamentais deste processo de *diacrisis* dos pensamentos: em primeiro lugar, na espiritualidade cristã (que para Foucault João Cassiano descreve e introduz no Ocidente), temos, pela primeira vez – Foucault insiste na importância capital deste acontecimento na história do pensamento –, a atenção aos pensamentos enquanto pensamentos – eles são agora um campo de dados subjectivos que é analisado como um objecto; em segundo lugar, os pensamentos devem ser analisados com suspeição – não se trata de considerar o pensamento em função do seu referente ou das regras lógicas, mas sim de como ele pode ser alterado na sua substância; em terceiro lugar, é preciso evitar ser vítima dos próprios pensamentos, o que exige um trabalho hermenêutico constante, de modo a decifrar a realidade que se oculta no seu interior; e, finalmente, essa realidade oculta é da natureza do próprio pensamento e da alma, um poder que se dissimula nos pensamentos: o Demónio, ou "a presença de outrem em mim" (FOUCAULT, 1980, p. 219).[17]

É agora compreensível a diferença para o exame de consciência na Antiguidade Clássica: enquanto para a moral antiga se tratava de controlar a agitação do corpo, das paixões e dos acontecimentos externos, para a vida monástica, onde as solicitações externas eram comparativamente diminutas e a disciplina monástica tinha na contemplação de Deus o eixo central, o problema capital era a agitação dos movimentos interiores do pensamento, em suma, a cogitação. Segundo Foucault, o problema central na nova forma de exercer o exame de consciência – que tem agora na relação de si a si a possibilidade da ilusão de si – é encontrar um instrumento que garanta que a discriminação não seja ela própria ilusória.

O instrumento de decifração dos pensamentos que a assegura é a confissão (FOUCAULT, 1981, 4ª conferência). Quer isto dizer que esta aparece na espiritualidade cristã como um instrumento de discriminação dos pensamentos que completa o trabalho do exame de consciência. É preciso, em suma, assegurar que não há em nós um espírito maligno que nos engana, que nos leva a crer que uma coisa é verdadeira quando é, na realidade, falsa.[18] Donde, para Foucault, a espiritualidade cristã não abandona

---

[17] Sobre a "pureza" e a proveniência das ideias, ver *Hermenêutica do sujeito* (FOUCAULT, 2001, p. 287).

[18] Em *Mal faire, dire vrai*, Foucault (1981, 4ª conferência) estabelece a proveniência direta do Gênio Maligno de Descartes com o Demónio cristão que, na espiritualidade monástica, desvia o monge

o sujeito a si mesmo – ao contrário do desafio do ascetismo anacorético –, antes estabelece uma relação com o outro. Esta é, como vimos atrás, uma relação exaustiva e contínua, que garante, através da submissão, que o sujeito não se apegue a si mesmo. Essa adesão a si tem a sua forma mais chã na resistência a confessar, e a mais vertiginosa na visão induzida pelo Demónio. É portanto através da confissão que essa hermenêutica de si é realizada. O modo de assegurar que não se é vítima dos próprios pensamentos, ou seja, o modo de verificar a sua substância – a imagem que Foucault (1993b, p. 219) destaca da obra de João Cassiano é a do cambista –, é contar a um outro os seus pensamentos.

São duas as razões que fazem com que a confissão tenha uma função hermenêutica e assim permita escapar ao engano de si mesmo. Temos, primeiro, uma razão acessória: de acordo com João Cassiano, ao expor os pensamentos ao mestre, este, pela experiência adquirida, consegue distinguir, na alma do seu dirigido, a verdade da ilusão. Depois, a razão fundamental é de que a verbalização comporta uma virtude específica. Este último ponto é decisivo, porque mostra como a confissão é uma prova da verdade. A dificuldade em verbalizar os pensamentos tem dois significados precisos: primeiro, ela é já, por si, uma forma de destrinçar os pensamentos, uma vez que os maus resistem a sair; segundo, o enrubescimento que se experimenta quando se confessam os maus pensamentos prova que o Demónio que habita as negras cavernas da consciência resiste a enfrentar a luz. Ora, o que a confissão faz é, por um lado, forçá-lo a sair do seu esconderijo e, por outro, retirar-lhe a força, porque ele é impotente perante a luz, que é o seu meio hostil (FOUCAULT, 1993b, p. 219-220).

Foucault (1994d, p. 307) sublinha ainda que essa verbalização, que exerce uma função interpretativa, que comporta um poder de discriminação, não é uma retrospecção dos pensamentos, mas sim do seu fluxo. Desse modo, como atividade permanente, exaustiva e profunda, a verbalização dos pensamentos é uma via de conversão, porque, por um lado, arranca o sujeito a si mesmo – é precisamente isso que significa o domínio do Adversário (Satanás), o apego a si mesmo, o orgulho – e, por outro, pela renúncia a si próprio, aproxima-o de Deus.

Em suma, a *exagoreusis* é, para Foucault, a confissão permanente de si mesmo que faz com que o sujeito possa, através deste dizer verdadeiro, "libertar-se" da raiz da ilusão, o orgulho, para se concentrar em Deus. Desse

---

da verdade. Dito de outra maneira: a formulação filosófica, no século XVII, da hipótese de um Gênio Maligno tem por detrás a história milenar da espiritualidade cristã. Certamente que as fontes medievais da filosofia cartesiana foram sobejamente estudadas, mas para o nosso argumento esta relação entre o Demónio e o Génio Maligno deve ser sublinhada, porque para Foucault este último representa na filosofia cartesiana todos os perigos da desrazão.

modo, o homem europeu não é apenas um campo de batalha onde se confrontam Deus e o Diabo, o bem e o mal, a verdade e a ilusão, é também aquele que não pode ser abandonado a si mesmo e que precisa de um outro, já que sem ele não ascenderá a Deus, ao Bem e à Verdade. Embora o papel necessário de um outro esteja bem presente na espiritualidade pagã, nomeadamente a estoica, Foucault (2001, p. 121-139) sublinha a diferença com a cristã, porque essa necessidade é, agora, constitutiva do homem europeu.

Concluindo, de acordo com a perspectiva de Foucault temos, nos primeiros séculos do cristianismo, duas formas de manifestar a verdade acerca de si próprio: a *exomologese,* que é a forma espetacular de o penitente revelar o seu estado de pecador, e a *exagoreusis,* que é uma verbalização analítica dos pensamentos numa relação de obediência a um outro. Essas duas formas de veridicção obedecem a um mesmo princípio: a renúncia ao eu (por oposição ao "retorno a si", que caracteriza a *cultura de si*) (FOUCAULT, 2001, p. 197-214). As mortificações somáticas e a verbalização têm o mesmo objetivo e efeito: a verdade do eu só pode ser descoberta na condição de se sacrificar o eu (FOUCAULT, 1993b, p. 221).

Assim, a hermenêutica de si é, para Foucault, o resultado de uma prática ascética que parece contradizer esse sondar de si, na medida em que tem por objetivo a destruição de si mesmo. Com efeito, a *exagoreusis* não visa restabelecer um domínio de si, como na sabedoria antiga, ou descobrir a sua própria identidade, como nas técnicas modernas do eu; trata-se antes de renunciar a si mesmo, já que na raiz da ilusão se encontra a presença insidiosa do *outro* em nós, esse outro que se manifesta nesse apego a si mesmo e que nos alimenta o orgulho. Ora, a hermenêutica do eu como exegese de si não é a descoberta de uma incógnita – aquilo que o sujeito é, e que ele não sabia anteriormente –, mas sim do que está escondido e dissimulado. É esse, aliás, o sentido da própria hermenêutica: revelar o dissimulado. Temos então, no âmago das técnicas do eu cristãs, uma tensão que resulta numa espiral de duas práticas: desvendar o outro e destruí-lo. Contudo, como esse outro está dissimulado e se encontra enraizado no homem desde a Queda, esse trabalho de destruição e de exegese é indefinido.

Por conseguinte, quando pensamos a constituição do homem europeu, essa estranha relação de si a si, que representa para ele uma ameaça, mas também o ónus que ele paga pela sua profundidade – a célebre profundidade do homem europeu[19] –, tem a sua proveniência na espiritualidade

---

[19] Sobre a diferença entre a "interioridade cristã" e a "exterioridade da moral antiga", ver FOUCAULT, 1984a, p. 74.

cristã e nas suas formas de veridicção. Se a "profundidade" é uma imagem que pode gerar muitos equívocos na caracterização do homem europeu, ela deixa-se, contudo, sancionar nesta inflexão do ato para o pensamento. Atente-se ainda que essa inflexão não é pensada por Foucault como o resultado de uma filosofia que descobre teoricamente um mundo interior, mas sim como o efeito de uma técnica. Foi no quadro de um exercício espiritual que visa à concentração do pensamento em Deus, e em que o sujeito suspeita de si mesmo, sonda-se a si mesmo indefinidamente e se acusa a si mesmo, que a inflexão para a interioridade se incorporou no homem europeu.

★

Esse princípio de renúncia a si que, segundo Foucault, está no âmago da tecnologia sacrificial cristã do eu – essa espiral indefinida de um dizer a verdade sobre si e de uma renúncia a si – opõe-se e complementa-se a uma outra tecnologia do eu que foi decisiva a partir do século XVIII, a da identidade do eu (FOUCAULT, 1993b, p. 222). Com efeito, esta última pode ser tomada como um ramo secular do poder pastoral, mas, ao contrário das técnicas do eu monásticas, a dimensão ascética, ou seja, a renúncia a si, deixou de estar presente; agora o que está em causa é, por um lado, a produção de um *corpo dócil* por incorporação das virtudes monásticas – o corpo politicamente obediente (FOUCAULT, 1975, p. 137) – e, por outro, o aprisionamento do homem a si mesmo, nessa identidade que lhe é obje- tivada não só pelos novos saberes, *grosso modo*, as Ciências do Homem, como por essa sujeição à sua própria intimidade – esse sondar infindo em que o homem se deslumbra consigo mesmo.

Por conseguinte, o programa de Foucault consiste em pensar essa relação complexa entre duas formas de subjetivação que são correlativas a técnicas do eu diferentes: por um lado, as várias práticas que concorrem em direção a uma antropologia que pensa e institui a identidade do eu, práticas discursivas tributárias de uma "analítica da finitude" que procura a figura positiva do homem (FOUCAULT, 1966, p. 323-329); e, por outro, um conjunto de terapias do eu em que o dizer verdadeiro sobre si mesmo salva – quer dizer, "limpa a chaminé" segundo a célebre expressão de Ana O. (FREUD, 1988, p. 65). Dessa forma, quando pensamos o modo como o sujeito moderno se constitui, temos de estar atentos a duas técnicas do eu fundamentais, de proveniência cristã, em que a individuação é correlativa a um dizer verdadeiro: uma institui o indivíduo disciplinar; a outra, o indivíduo que se abisma em si mesmo. Na primeira, temos a verdade que resulta da sua objetivação; na segunda, a verdade que ele lê em si mesmo. O jogo de apelo dessa dupla verdade reproduz assim a espiral da verdade das técnicas de si cristãs, mas com a diferença de que, agora, não é a renúncia a si que move essa prática, mas a identidade de si, pois o saber disciplinar resulta do conjunto de experiências negativas que a observância (no duplo sentido de cumprimento e exame) da disciplina produz. Por conseguinte, o que é preciso ler em si é o significado desse fundo negativo, porque qualquer ínfimo desvio encerra um mundo de verdades.

*

Depois deste percurso inevitavelmente descritivo e um pouco tortuoso sobre a especificidade do cristianismo, o que podemos concluir a propósito da desrazão?

Aparentemente ela esteve ausente. Mas só aparentemente, pois a desrazão é a um só tempo uma experiência induzida pelo poder pastoral, a começar pela figura do Demónio que a exegese de si defronta, e um efeito de resistência a essa mesma mecânica de poder.

Nesse sentido, poderia parecer mais evidente começar por mostrar como Foucault estudou a resistência ao poder pastoral nos seus cursos da década de 1970. Com efeito, quer no curso de 1975, *Os anormais*, quer no curso de 1978, *Segurança, território, população*, ele dedica algum tempo a esses fenómenos de resistência. No curso de 1975 temos a convulsão, a possessão e o misticismo como práticas induzidas e de resistência à nova pastoral pós-tridentina (FOUCAULT, 1999, p. 187-212); e no curso de 1978 temos as contracondutas pastorais, o ascetismo, as comunidades, a mística, a escritura e a crença escatológica (FOUCAULT, 2004, p. 195-219). A razão para não termos abordado a desrazão a partir desses dois cursos prende-se com o facto de ela ser aí analisada em termos modernos, ou seja, a partir dos séculos XV e XVI, e não em função dos primórdios do cristianismo.

No entanto, se nos reportarmos às determinações clássicas, tal como Foucault as descreve a propósito do *Grande Internamento*, então podemos dizer o seguinte: se a desrazão for mais do que um efeito negativo de um jogo de exclusão, se ela for também um destino que os indivíduos abraçam, então com o cristianismo temos: primeiro, a invenção de uma força interior que arrasta os homens para a queda, a saber, o Demónio. No âmago da desrazão encontramos a sua voz. Era isso que a Idade Clássica pressentia quando afirmava que os hóspedes do Hospital Geral eram cúmplices do mal. Depois, temos a vertigem da ovelha extraviada: o grande signo clássico da desrazão, a fúria, é exatamente o arrepio dos três valores matriciais do estado de obediência que define a bem-aventurança: a humildade, a paciência e a submissão. Finalmente, o homem da desrazão é o homem da errância, no duplo sentido de errar: de não estar na verdade e de não ter residência própria, isto é, identidade.

Se a desrazão é uma experiência correlativa ao cristianismo, então o homem da desrazão tem um outro mestre, a voz interior que o inquieta, tem um outro *ethos*, o da desobediência, e tem um outro saber, o da errância. Um saber errante que se funda numa voz interior e que se efetiva na desobediência, o que é a desrazão senão isso?

Referências

CASSIEN, J. *Institutions cénobitiques*. Paris: Cerf, 1965.

CASSIEN, J. *Conférences*. Paris: Cerf, 1966.

DERRIDA, J. *L'écriture et la différence*. Paris: Seuil, 1967.

FOUCAULT, M. *L'ordre du discours*. Paris: Gallimard, 1971.

FOUCAULT, M. *Surveiller et punir*. Paris: Gallimard, *1975*.

FOUCAULT, M. *La volonté de savoir*. Paris: Gallimard, 1976.

FOUCAULT, M. *Dits et écrits I – 1954-1969*. Paris: Gallimard, 1994a.

FOUCAULT, M. *Dits et écrits II – 1970-1975*. Paris: Gallimard, 1994b.

FOUCAULT, M. *Dits et écrits III – 1976-1979*. Paris: Gallimard, 1994c.

FOUCAULT, M. *Dits et écrits IV – 1980-1988*. Paris: Gallimard, 1994d.

FOUCAULT, M. *L'herméneutique du sujet*. Paris: Gallimard/Seuil, 2001.

FOUCAULT, M. *Sécurité, territoire, population*. Paris: Gallimard/Seuil, 2004.

FOUCAULT, M. *Le courage de la vérité*. Paris: Gallimard/Seuil, 2009.

FOUCAULT, M. *Folie et déraison: Histoire de la folie à l'âge classique*. Paris: Plon, 1961.

FOUCAULT, M. *Histoire de la folie*. Paris: 10/18, 1964.

FOUCAULT, M. *Les mots et les choses*. Paris: Gallimard, 1966.

FOUCAULT, M. *Histoire de la folie à l'âge classique*. Paris: Gallimard, 1972.

FOUCAULT, M. *La volonté de savoir*. Paris: Gallimard, 1976.

FOUCAULT, M. *L'usage de plaisirs*. Paris: Gallimard, 1984a.

FOUCAULT, M. *Le souci de soi*. Paris: Gallimard, 1984b.

FOUCAULT, M. *Les anormaux*. Paris: Gallimard, 1999.

FOUCAULT, M. *Mal faire, dire vrai*. Fonctions de l'aveu. seis Conferências proferidas na Universidade Católica de Lovaina. Arquivo IMEC, 1981.

FOUCAULT, M. Subjectivity and Truth & Christianity and Confession (About the beginning of the hermeneutics of the self) – Two Lectures at Dartmouth, 1980. *Political Theory*, v. 21, n. 2, May 1993a.

FOUCAULT, M. Verdade e subjetividade (Howison Lectures). *Revista de Comunicação e Linguagens*, Lisboa, n. 19, 1993b.

FREUD, S. Casos clínicos. In: *Obras Completas*. Rio de Janeiro: Imago, 1988. Edição Standard, v. 2.

GORDON, C. Histoire de la folie: an unknown book by Michel Foucault. *History of Human Sciences,* v. 3, n. 1 e 3, oct. 1990.

GROS, F. *Foucault et la folie*. Paris: PUF, 1997.

HADOT, P. *La Citadelle Intérieure*. Paris: Fayard, 1997.

RABINOW, P.; DREYFUS, H. *Michel Foucault, un parcours philosophique*. Paris: Gallimard, 1987.

SALES, F. de. *Introduction à la vie dévote*. Paris: CERF, 2007.

TARKOVSKI, A. *Esculpir o tempo*. São Paulo: Martins Fontes, 1990.

CAPÍTULO 3

O cristianismo como confissão em Michel Foucault

Philippe Chevalier

Tradução: Pedro de Souza e Maria José Werner Salles

Em busca da diferença cristã

O cristianismo é, ao mesmo tempo, um objeto muito presente nos trabalhos de Michel Foucault – talvez o objeto mais presente – e, embora permaneça amplamente disseminado, ressaltado em vários lugares da obra, raramente estudado.

Referências sugestivas ao Ocidente oposto a um Oriente nietzschiano desde o prefácio à *Folie et déraison* (*Loucura e desrazão*) em 1961, diálogo com Georges Bataille, Maurice Blanchot ou Pierre Klossowski ao longo dos anos 1960, dossiês históricos da confissão (1975) e da pastoral cristã (1978) abertos pelos cursos no Collège de France e, sobretudo, o esboço várias vezes retomado do empreendimento, entre 1978 e 1984, de um grande livro sobre *Confissões da carne*: Foucault não cessou de se interessar pelo cristianismo. Mas o interesse atestado não criou nele mesmo um objeto histórico definido, como o sistema penal ou a psiquiatria; o que explica em parte o silêncio dos comentadores habituais a seu respeito, mas também dos historiadores do cristianismo e dos teólogos que até hoje não utilizaram seus trabalhos, a não ser muito pouco. Citemos de todo modo a coletânea organizada por Bernauer e Carrette (2004); contudo ressalte-se que, estranhamente, essa coletânea pouco comenta os escritos de Foucault sobre o cristianismo e prefere utilizar, de modo muitas vezes inesperado, suas proposições mais gerais sobre o discurso ou o poder.

Difícil, por conseguinte, retomar a coerência do pensamento de Foucault sobre o cristianismo. Um breve estudo lexical na obra nos mostra que se se procurar o termo "cristianismo" nos cursos do Collège de France de 1973-1974 (*O poder psiquiátrico*) e 1974-1975 (*Os anormais*), não se o encontrará, ainda que esses cursos abordem processos históricos que pertencem à esfera cultural cristã, incluindo aí as comunidades religiosas e pedagógicas da Idade Média, a confissão tridentina,[1] os fenômenos de possessão no século XVII (o caso de Loudun).

Se se persegue o estudo lexical no conjunto dos ditos e escritos de Foucault, os resultados são ainda mais nítidos, com exceção do caso específico dos artigos consagrados à literatura nos anos 1960[2] e de raras menções, nos anos 1970, que servem apenas para denunciar as explicações históricas demasiado simples (o cristianismo seria responsável pela repressão no Ocidente de tudo o que toca à sexualidade).

O "cristianismo", como conceito histórico, não existe na obra de Michel Foucault antes de 1980. Lembremos a definição que Max Weber dá de um conceito histórico: "um complexo de relações presentes na realidade histórica, que reunimos, em virtude de sua significação cultural, num todo conceitual" (WEBER, 1964, p. 45).

Em 1977, o termo "cristianismo" aparece, contudo, em algumas entrevistas, para indicar o lugar de nascimento, no Ocidente, do procedimento da confissão. Porém, mais que uma totalidade histórica de origem remota – o cristianismo dos primeiros séculos –, o termo designa apenas uma era cultural relativamente recente: "desde a Idade Média" (FOUCAULT, 2001, t. 2, n. 216, p. 527), "a partir da Reforma" (p. 412). O conjunto da argumentação de fato gira em torno dos séculos XIII e XVI. Por quê? Porque a técnica da confissão está ausente das técnicas de poder dos primeiros séculos cristãos, pelo menos para as dirigidas ao povo no seu conjunto. Trata-se então de uma técnica sem origem imemorável, que não tem a sua causa profunda no que Nietzsche chamava "a grande fatalidade do cristianismo" (NIETZSCHE, 1985, p. 173). Ao longo de todos os anos de 1970, Foucault insiste no fato de que a confissão é apenas uma peripécia do segundo milênio, resposta eclesial circunstancial, questionamento cada vez mais forte – heresia na Reforma protestante – da autoridade eclesial e de seus dogmas. O aperfeiçoamento na Idade Média dos procedimentos de investigação da verdade (inquisição, confissão), nos quais se distinguem frequentemente as mesmas ordens religiosas (principalmente as mendicantes: pregadores e menores), permite, com efeito, melhor controlar as camadas populares e detectar as heresias.

---

[1] O Concílio de Trento (1545-1563) é convocado pelo papa em plena contestação luterana e vai decidir a face da Igreja Católica até o século XX.

[2] É a literatura que serve de ocasião para uma primeira reflexão de Foucault sobre a significação da palavra "cristianismo": cf. os comentários de Flaubert (FOUCAULT, 2001, t. 1, n. 20, "Sem título"), Klossowski (FOUCAULT, 2001, t. 1, n. 21, "A prosa de Ateão"), Blanchot (FOUCAULT, 2001, t. 1, n. 38, "O pensamento de fora"). Citamos a coletânea dos *Dits et écrits* (daqui em diante "DE") na sua segunda edição: FOUCAULT, M., *Dits et écrits*, t. 1: *1954-1975*, t. 2: *1976-1988*, Editado por. D. Defert et F. Ewald, Paris, Gallimard, "Quarto", 2001.

No curso *Segurança, território, população*, Foucault (1978) previne então seus ouvintes das precauções a tomar: "[ ] o termo 'cristianismo' não é exato, abrange em verdade qualquer série de realidades diferentes" (FOUCAULT, 2004, p. 151).

Apesar dessa grande prudência, a partir de 1980 e do curso *Do governo dos vivos*, Foucault parece fazer do cristianismo um conceito histórico unificado, dando-lhe uma definição relativamente estreita: "o cristianismo é a religião da confissão, acoplando a fé e a confissão" (Aula de 30 de janeiro de 1980).[3] Com efeito, explica Foucault em 1980, o cristianismo é a religião que ligou absolutamente o reconhecimento da verdade divina (a fé) à manifestação da verdade de si (a confissão). Ele inscreveu dois movimentos de circularidade perfeita: devo lançar luz sobre o que sou para aceder à luz divina e, em retorno, essa luz divina me ilumina sobre o que eu sou. Ora, essa definição colocada em 1980 não vale somente para o cristianismo medieval e tridentino, mas remonta aos primeiros padres cristãos gregos e latinos dos séculos II a V, objetos da sétima aula no Collège de France.

Estranha proposição quando se sabe da desconfiança de Foucault no que diz respeito às generalidades históricas demasiado amplas, grandes conjuntos de discursos ligados apenas por considerações ideológicas ("a medicina", "a biologia", etc.). Há aí uma reviravolta, que se explica sem dúvida por uma lassitude de Foucault diante de certo minimalismo das suas próprias análises: os anos 1970 tinham descrito microtecnologias heterogêneas que se ligam umas às outras em lapsos de tempo relativamente curtos (a confissão tridentina, a pedagogia medieval, etc.): "Tudo isso patina, isso não avança", lança Foucault a seus ouvintes em 1976 (FOUCAULT, 1997, p. 5). A partir do curso *Do governo dos vivos* (1980), e sobretudo *A hermenêutica do sujeito* (1982), Foucault vai de fato voltar à sua grande questão inicial, a que constitui de algum modo a porta de entrada de seu trabalho, já que se encontra posta em referência a Nietzsche, no prefácio a *Folie et déraison* (1961). Que distância separa o Oriente e o Ocidente? Que se passou então nos primeiros séculos de nossa era, dos quais somos ainda hoje os filhos e as filhas? Não houve um deslizamento brusco de terreno em nossa história cultural, em alguma parte em direção à Antiguidade Tardia?

Resta-nos precisar, com Foucault, o que poderia constituir a diferença cristã. Será, pois, a técnica da confissão? De fato, nada é mais certo. A diferença, como veremos, não é tanto uma técnica particular, mas sim um problema geral.

---

[3] Para o curso *Du gouvernement des vivants*, citamos a transcrição efetuada por Michel Senellart, editor do curso em vias de publicação.

Primeira hipótese: a confissão

A confissão parece, no entanto, uma constante na interpretação do cristianismo por Foucault, que mostra o belo título que ele dá ao seu ciclo de cursos em Louvain em 1981: *Mal fazer, dizer verdadeiro*. Que nos diz Foucault? Não há salvação possível para o cristão sem confissão constante da sua verdade íntima, verdade de seu desejo, de sua sexualidade. Se foi necessário esperar o cristianismo medieval para ver a instituição da obrigação anual para todo cristão da confissão auricular (à orelha do padre) – onde se praticava anteriormente apenas uma confissão pública reservada a algumas faltas graves –, o curso *Do governo dos vivos* marca, desde o início do século III da nossa era, no escritor cristão Tertuliano, uma atenção específica colocada sobre a verdade de certos atos rituais. Em especial o ato "de penitência" (tradução latina da métanoia grega), que deve preceder o batismo, mas igualmente o perdão de uma falta grave pós-batismal. Observem o comentário que dá Foucault do *De Paenitentia*:

> [ ] se vê aparecer [ ] a ideia de que a penitência é o que deve manifestar ao olhar de Deus a verdade do próprio pecador, a sinceridade de seus sentimentos, a autenticidade de seu remorso, a realidade de seus propósitos de não mais recomeçar. A penitência é, portanto, o afloramento à superfície da verdade profunda da alma (Aula de 13 de fevereiro de 1980).

Mesmo se a questão não é confessar pecados particulares, ainda menos confessá-los em detalhe e em privado a um padre, a penitência cristã deve publicamente mostrar à comunidade as provas de sua autenticidade, por meio de exames individuais e coletivos ritualizados (questionário-enquete, exorcismo), em que uma certa verdade do sujeito vai desde então ser comprometida. Muito cedo, o sujeito cristão se viu ligado pela obrigação a certos momentos de existência, de produzir uma verdade dele mesmo.

Diante desse sujeito cristão se erguerá, em contraste, o sujeito grego (ou romano), em particular estoico. Certamente, o sujeito estoico é igualmente chamado a constantemente provar a verdade de sua conduta; mas não se trata senão de uma verificação "administrativa", semelhante à inspeção de um navio ou de um acampamento, tal como a apresenta, por exemplo, Sêneca (FOUCAULT, 2001, p. 462-463). O ato de dizer, de mostrar o resultado dessa inspeção a seu mestre ou a seu amigo não tem em si mesmo interesse ou eficácia própria. Ao contrário, em Tertuliano – ao menos na interpretação que Foucault propõe –, o ato de apresentar na grande colocação a prova de sua penitência (*paenitentiae probatio*) vai tomar de repente uma força que lhe era própria, que exerce só a necessidade de verificar o bom respeito de um procedimento. Em uma transformação lenta que vai do século III ao XVI, e passa em particular pela aparição nos séculos IV e V das comunidades monásticas, a injunção a confessar sua falta vai colocar sempre o acento sobre o ato de dizer, enquanto ato sofrível, doloroso, e revela o íntimo do sujeito (por exemplo: ele faz enrubecer). No limite, o ato de dizer torna-se mais importante do que aquilo que é dito, pois, nele mesmo, alguma coisa se cumpre: sua penalidade torna o pecador tanto mais merecedor e acessível ao perdão. O que leva Foucault a comparar a confissão, na linha da filosofia analítica, a um *speech act* (ato de fala) (FOUCAULT, 2012).[4]

A verdade representa igualmente um papel diferente da Antiguidade Clássica no mundo cristão. Contrariamente à verdade cristã, a verdade, na direção espiritual estóica, não é uma verdade das profundezas que o sujeito atingiria por introspecção, mas uma verdade essencialmente ordenada à ação, que deve lhe fornecer uma preparação digna de um atleta, um bom equipamento (FOUCAULT, 2001, p. 312) lhe permitindo enfrentar as agruras da existência e constituir uma relação a si "plena e independente" (p. 312). Contida nas sentenças ou nas palavras do mestre, o sujeito deve não somente compreender essa verdade, retê-la, mas igualmente tornar--se sujeito dela. Para Foucault, essa incorporação da verdade ao sujeito é o exato oposto da objetivação do sujeito em um discurso de verdade, tal como a era cristã desenvolverá.

Esse jogo de oposição que se estabelece a partir de 1980, entre autonomia do sujeito grego e a heteronomia do sujeito cristão, tende, bem entendido, a cristalizar as posições presentes para as necessidades da demonstração; mas ela permite a Foucault insistir sobre a estranheza grega, sua alteridade radical, contra uma certa tradição histórica francesa dos anos 1950-1960, a de Pierre Courcelle, Henri Irénée Marrou e mesmo Pierre Hadot, para quem a influência da filosofia antiga sobre o cristianismo era não apenas um objeto maior da pesquisa, mas a principal grade de leitura dos padres cristãos. Eles fazem assim uma transição doce entre duas eras culturais que Foucault busca, ao contrário, distinguir firmemente.

Verdade confessada, portanto, contra verdade incorporada: entre as duas passaria o corte cristão, a acreditar nos cursos do Collège de France dos anos 1980. Mas a leitura que propõe Foucault do cristianismo se limita à descrição monótona dos confessionários ou das celas monásticas, dos rostos contritos que se retém na penumbra da casinha enredada ou temente diante de seu superior? *A priori*, sim: estudando os textos patrísticos no curso *Do governo dos vivos*, trata-se para Foucault de descrever "um processo finalmente muito longo em que se elabora a subjetividade do homem

---

[4] A noção de *speech act* (ato de fala) foi forjada por John L. Austin em uma célebre conferência de 1955, para indicar que a linguagem não serve primeiro para descrever a realidade, mas para cumprir atos.

ocidental" (Aula de 12 de março de 1980), ou seja, uma subjetividade essencialmente confessante, como testemunham ainda no século XIX a confissão médica ou judiciária. As técnicas de direção das almas podem ser inseridas apenas muito progressivamente na pastoral global do povo cristão, os caminhos da história cristã puderam ser longos e tortuosos, as estradas levam finalmente ao mesmo lugar: a confissão anual imposta a todos os fiéis pelo Concílio de Latrão, em 1215.

Diante de tal insistência de Foucault, revezada pela maior parte dos comentadores de sua obra na França, e enquanto eu me lançava neste trabalho de pesquisa sobre "Foucault e o cristianismo", tive medo de sucumbir à mesma síndrome que o tinha afetado em plena escritura dos primeiros livros consagrados ao cristianismo no primeiro projeto de História da Sexualidade: "Esses livros, confessou ele em uma entrevista de 1984, quase morri de tédio os escrevendo" (FOUCAULT, 2001, t.2, n. 357, p. 1549). Não há em Foucault senão uma constatação repetitiva de quanto é duro ser cristão e leve ser grego? Não, pois o curso *Do governo dos vivos* (1980) convida-nos a passar atrás de certos esquemas muito simples, para descobrir outra coisa mais importante, esclarecendo com um novo dia a "ruptura cristã", antes mesmo do estabelecimento das técnicas do pastorado e da confissão; algo que fez circular, nos primeiros séculos da nossa era, as relações entre a subjetividade e a verdade. Encontra-se aí, segundo a minha opinião, toda a força e a originalidade das leituras cristãs de Foucault.

Segunda hipótese: a salvação na imperfeição

A aula de 27 de fevereiro dedicada ao *O Pastor*, de Hermas, texto da metade do século II, deixa entender algo de absolutamente surpreendente, de absolutamente novo sobre o cristianismo: o cristianismo não é primeiramente a religião da confissão ou da obediência absoluta, mas a religião da "salvação na imperfeição". Falta-nos compreender essa expressão enigmática.

Na análise do pastorado em *Segurança, território, população* (1978) predominava ainda o esquema heteronomia/autonomia: heteronomia de um poder pastoral que requer a obediência absoluta, oposta a condutas contrárias (o ascetismo, a mística) que requerem a autonomia daquele que crê na sua relação pessoal com Deus. Em 1980, Foucault vai, ao contrário, inserir no centro de suas análises a liberdade, como condição necessária de qualquer direção espiritual, da direção cristã em particular: não se trata somente, com efeito, de que a alma seja conduzida por outrem, mas também de *se conduzir*. Mais precisamente, é porque a alma escolhe livremente *se*

50   Coleção Estudos Foucaultianos

conduzir que ela pode ser conduzida por outrem (o superior, o padre); se esquecemos o primeiro momento, perdemos a especificidade da direção espiritual em relação às outras formas de governo dos indivíduos, em particular políticas:

> Na direção – e é bem o que faz a diferença entre a direção de consciência [...] e toda estrutura de tipo política ou jurídica –, não há nem punição nem coerção. O conduzido quer sempre ser conduzido, e a condução não se manterá, a direção não funcionará, ela só se desenrolará na medida pela qual o conduzido quer sempre ser conduzido. [...] O jogo da inteira liberdade, na aceitação do elo de direção, é, creio, fundamental (Aula de 12 de março de 1980).

Foucault isola então a noção de "regime de verdade", designando o que o sujeito deve livremente operar por si próprio para ascender à verdade: jejuar, recordar-se de seus pensamentos, falar de sua vida para alguém, escutar seus conselhos. Consequência importante: a verdade não é apenas uma astúcia do poder, um instrumento de dominação, como o deixava entender o duplo poder-saber nos anos 1970. Cada tipo de verdade tem um "regime" que lhe é próprio, ou seja, uma maneira de se impor que não é redutível nem ao poder de uma demonstração científica, nem ao poder de uma obrigação política. É o extrato, citado por Foucault na abertura do curso de 1980, de um texto de um historiador grego Dion Cassius, autor, no século III, de uma gigantesca história romana. Na sua *História*, Don Cassius conta que o imperador Sétimo Severo era bem rodeado por grandes juristas, e não tinha necessidade dessa manifestação ostentosa e inútil (Aula de 9 de janeiro de 1980), que não trazia suplemento algum de conhecimento ou de poder. Na pluralidade das verdades que se manifestaram ao longo da história, há inutilidades muito interessantes para o filósofo.

Diz-se frequentemente: o último Foucault – aquele da ética, da relação consigo – reintroduziu nas suas análises a questão do sujeito. Não, ele reintroduziu primeiramente a questão da verdade, distante da questão do saber e do poder. Com efeito, diz-nos Foucault em 1980, há algo na manifestação da verdade que representa um "suplemento" em relação ao que é requisitado pelo poder ou pela ciência para exercer-se. E esse suplemento do lado da verdade reencontra-se do lado do sujeito: a verdade pede-me realizar em mim mesmo um determinado número de atos para que eu nela possa ascender; e esses atos excedem a simples aquiescência intelectual ("é verdade") ou a submissão a um poder exterior (ser forçado a dizer "é verdade"). A questão nova, colocada em 1980, é, portanto, esta: qual é a relação com a verdade que nasce com o cristianismo para que, alguns séculos mais tarde, todos tenham sido obrigados a dizer *sua* verdade?

Retornemos então a esse misterioso Hermas, de quem não sabemos grande coisa, mas que desempenha um papel fundamental na compreensão do cristianismo dos primeiros séculos. Foucault lhe confere uma aula inteira, da qual resumo os principais elementos. No meio do século II (a data é ainda hoje discutida), Hermas redige, portanto, um texto importante, muito comentado, ao qual outros padres cristãos atribuíram uma grande autoridade: *O Pastor*. Trata-se de quê? Do batismo cristão. Quando um homem é batizado, o Espírito de Deus desce sobre ele, e ele assim recebe: 1) um conhecimento iluminativo e definitivo da verdade; 2) uma purificação pelos seus pecados. Mas, problema: se ele cometer um pecado *após* o seu batismo, existe para ele uma nova possibilidade de ser salvo, ou seja, de se converter uma segunda vez? Com efeito, a *primeira* conversão é a do batismo, e era inicialmente única. Para um filósofo grego, como para os primeiros pensadores cristãos, profundamente marcados pelo estoicismo ou pelo neoplatonismo, se tivermos sido iluminados uma vez, estamos definitivamente na verdade; e se caímos de novo, significa que não fomos verdadeiramente bem iluminados. A vida do filósofo na Antiguidade é dividida segundo um "antes" e um "após" severos.

Com o cristianismo, como o confirma o texto do *Pastor*, aparece pouco a pouco a ideia – revolucionária para a época –, que, mesmo se o batizado tiver recebido a verdade inteira e brilhante no batismo, ele pode sempre recair no erro. Logo, se aceitamos a possibilidade da *recaída*, faz-se, portanto, necessário aceitar uma segunda chance; o que será definido e instituído a partir do século III sob o termo de "segunda penitência".

A segunda penitência (*paenitentia secunda*) concerne os fiéis que, a despeito do batismo recebido, recaíram gravemente no pecado, em particular aqueles que renegaram sua fé num contexto de frequentes perseguições. "Segunda tábua de salvação" oferecida aos reincidentes, essa penitência abre a possibilidade de uma plena reintegração no seio da Igreja. Ela não é, entretanto, renovável. À imagem do batismo, do qual ela é senão a regeneração ao menos a advertência, a *paenitentia secunda* é um acontecimento único que dá ao fiel um novo estatuto para uma determinada duração. Para ser definitivamente reconciliado, o fiel deve fazer uma *exomologesis* (transliteração de um termo grego que será igualmente traduzido em latim por *confessio*), ou seja, que ele deve manifestar publicamente que se reconhece pecador. Mas, insiste Foucault, nenhum vestígio há ainda de uma verbalização detalhada de si, sem descrição exaustiva da falta. Essa manifestação, fortemente dramatizada, efetua-se na porta da igreja, antes da imposição das mãos pelo bispo. Ela pode ser acompanhada de choros, de gemidos, de auto-humilhações. Se há palavra nesse momento, ela tem a função expressiva e não descritiva; ela recolhe e concentra num grito uma verdade total do ser.

Diante da *exomologesis* da segunda penitência aparece, no século seguinte, um outro modelo, mais discreto, mais silencioso: aquele do *exagoreusis* do monaquismo cristão, prática que se manterá por muito tempo confinada no espaço fechado dos monastérios. O *exagoreusis* significa a expressão em discurso perpétuo de si, de cada qual de seus atos, mas também, e sobretudo, de cada um de seus pensamentos, que se deve apressar de falar, em particular, ao seu superior ou ao seu diretor. Não há mais aqui gritos e sacos de cinza, num espetáculo que corta a vida do pecador em dois e o faz balançar da morte à vida – apenas um sussurro ininterrupto.

Foucault insiste então no fato de que não há uma tecnologia cristã da verdade, mas que há *duas*, radicalmente distintas, mesmo que o cristianismo não cesse de atravessá-las e de articular uma sobre a outra: de um lado, uma prática privada, verbal e subjetiva; de outro, uma prática pública, não verbal e objetiva. Mas esses dois modelos, por opostos que sejam, repousam numa mesma problematização, radicalmente nova, das relações entre sujeito e a verdade: apesar da iluminação recebida uma única vez no batismo, o cristão deve constantemente recomeçar sua conversão, repetir o primeiro movimento que o fez virar-se para Deus, pois sua vida, até seu último suspiro, será ameaçada pelo pecado – sem repouso possível. A penitência não é mais um acontecimento particular (antes do batismo), mas a própria condição humana. Aceitando o princípio da segunda penitência – após muitas dificuldades e controvérsias, de tal maneira ela parecia reconsiderar a unicidade e a eficácia do batismo –, o cristianismo introduziu a relação com a verdade numa temporalidade incerta, na qual as fidelidades sem cessar se rompem, transformando a única vez da adesão do sujeito com a verdade (o batismo) numa simples *primeira vez*, permitindo assim uma *segunda vez* (segunda penitência), que será logo apenas uma *segunda vez* (penitência indefinidamente renovável da confissão).

É aí, e não mais na confissão, que é só um episódio, que se aloja para Foucault a novidade cristã. Toda a pastoral ulterior da confissão dos pecados, da necessidade de fazer regularmente penitência para voltar sem cessar para Deus (e, portanto, de ser ajudado pela mediação de um padre, de um diretor, de um superior, de um conjunto de técnicas e de instituições) nasceu dessa relação nova com a verdade. Tal é o corte cristão, em relação com a filosofia antiga: a verdade não é mais o que incorporo mais um pouco cada dia pelo uso de minha razão, sempre melhor esclarecida e sempre melhor equipada contra a adversidade – era o esquema estoico –; mas ela é o que não cesso de perder a despeito do fato que ela me é dada e dada de novo sem cessar – é o esquema da pastoral cristã. Esse esquema conduz Foucault a uma grande proposição: o que o cristianismo introduziu no mundo romano e helenístico não foi o pecado ou a queda, mas a possibilidade da *recaída*: "[...] a própria ideia da recaída era uma ideia estranha tanto para a cultura grega, helênica e romana quanto para a religião hebraica" (Aula de 27 de fevereiro de 1980).

Possibilidade, portanto, de conhecer a verdade (o absoluto, o bem supremo) e de se desprender alguns minutos depois. Consequência vertiginosa, se impelirmos ao seu limite as reflexões de Foucault: a verdade não é mais o que salva o homem imediatamente, não é mais o que o protege definitivamente da imperfeição e do erro.

A pastoral que se estabelece nos séculos que seguem, autoritária, coercitiva, culpabilizante, que ela possa aparecer aos nossos olhos modernos, é o resultado não de um cristianismo inflexível que se desprende do elitismo da filosofia estoica para ser pensado como *via média* ou *relação média* com a verdade. Isto é uma relação com a verdade que se reconhece como frágil, sempre ameaçada, sem garantia. Para Foucault, o gênio do cristianismo – o que explica seu sucesso num espaço de alguns séculos – foi o de estabelecer não *contra*, mas *a partir da* fraqueza humana – fraqueza não apenas tolerada, mas reconhecida como horizonte não ultrapassável de nossa condição.

Compreendemos então a expressão tão forte de Foucault: o "cristianismo como religião da salvação na imperfeição", ou seja, como religião tendo dissociado a salvação da perfeição. Nada de menos evidente em aparência do que estabelecer tal gesto: o que, com efeito, seria uma perfeição que não traria a salvação? O que é uma salvação que não recompensaria uma perfeição? A possibilidade de repetir dramaticamente a primeira penitência (segunda penitência), tanto como a obrigação para o monge de ser perpetuamente dirigido, modifica em profundidade as relações do ser com a verdade: o cristianismo afirma a irreversibilidade da relação com Deus na repetição do erro. Não há mais sábio verdadeiro, não há mais homem perfeito neste mundo, nem dentre o povo cristão, nem nos monastérios. Nessas condições, a salvação é garantida com a única condição de que o sujeito aceite, num mesmo movimento de desprezo, sua natureza pecadora e a assistência de outrem: aquela do superior do monastério ou aquela da comunidade eclesiástica representada pelo bispo. Restam-nos sucessivamente as consequências sociais, éticas e políticas dessa revolução.

Referências

BERNAUER, J.; CARRETTE, J. *Michel Foucault and Theology*: Politics of Religious Experience. London: Ashgate, 2004.

FOUCAULT, M. *Il faut défendre la société. Cours au Collège de France, 1975-1976*, éd. M. Bertani et A. Fontana, Paris, Seuil/Gallimard, "Hautes études", 1997.

FOUCAULT, Michel, *Dits et écrits*, t. 1, *1954-1975*, t. 2: *1976-1988*, éd. D. Defert et F. Ewald, Paris, Gallimard, "Quarto", 2001.

FOUCAULT, M. *Mal faire, dire vrai. Fonctions de l'aveu en justice*. Organizado por F. Brion et B. Harcourt. Louvain: Presses universitaires de Louvain, 2012.

FOUCAULT, M. *Sécurité, territoire, population. Cours au Collège de France, 1977-1978*, éd. M. Senellart, Paris, Seuil/Gallimard, "Hautes études", 2004.

FOUCAULT, M. Du gouvernement des vivants. Cours au Collège de France, 1979-1980. Inédito. Disponível em fitas-cassete: C 62 (01-12). Arquivos IMEC, Paris.

FOUCAULT, M. *L'herméneutique du sujet. Cours au Collège de France, 1981-1982*, Paris, Seuil/Gallimard, "Hautes études", 2001.

NIETZSCHE, Friedrich, *Le crépuscule des idoles, suivi de Le cas Wagner*, trad. H. Albert, Paris, Flammarion, "GF-Flammarion", 1985.

WEBER, Max, *L'éthique protestante et l'esprit du capitalisme*, Paris, Plon, 1964.

CAPÍTULO 4

Técnicas de si e subjetivação no cristianismo primitivo: uma leitura do curso *Do governo dos vivos*

Anthony Manicki

Tradução: Pedro de Souza

Em *Du gouvernement des vivants* (*Do governo dos vivos*),[1] curso que ministra no Collège de France, em 1980, Foucault (1994) prossegue seu trabalho de genealogista da subjetividade ocidental, iniciado alguns anos antes, tratando especificamente dos problemas das modalidades de ligação do sujeito com a verdade. Seu objetivo é o de perceber os efeitos de subjetivação produzidos por essa ligação. É nessa ótica que ele toma como objeto de estudo o cristianismo primitivo e, mais precisamente, três instituições que nele se desenvolveram: o batismo, a penitência e a direção da consciência.

Desde o início do curso (aula de 30 de janeiro de 1980), Foucault, empenhando-se em dar conta da relação do sujeito cristão com a verdade, distingue duas modalidades dessa relação. Na economia cristã da relação do sujeito com a verdade, o sujeito pode primeiramente se referir à verdade dos dogmas nos quais a religião que ele abraça se fundamenta. Mas ele pode, notadamente, referir-se à verdade dele mesmo. O primeiro nível designa um conjunto de crenças mantidas pelo sujeito, o qual determina o pertencimento desse sujeito à religião cristã. O segundo nível designa um conjunto de dispositivos que permite ao sujeito encontrar a verdade dele mesmo, de manifestá-la e assim de colocar-se nas melhores disposições

---

[1] Michel Foucault, *Du gouvernement des vivants*, Cours au Collège de France (1979-1980). Curso inédito a ser publicado na França (todos os trechos referidos neste artigo são citações da transcrição da gravação em áudio).

morais possíveis de modo a atingir um estado de "pureza do coração", segundo a expressão consagrada na literatura cristã primitiva.

O que há de surpreendente, no curso de 1980, é que Foucault propõe, no final de suas análises, considerações gerais tratando do modo de subjetivação própria ao cristianismo primitivo – que ele determina a partir da obediência e do processo de destruição da vontade singular, que ao mesmo tempo que a torna possível também constitui sua finalidade –, embora tenha escolhido, no início do curso, tratar somente de uma modalidade da relação do sujeito cristão com a verdade, aquela que o liga à verdade dele mesmo. De um modo surpreendente, portanto, a escolha de tratar, no quadro da economia geral da relação do sujeito cristão com a verdade, de apenas uma única das modalidades dessa relação – a relação do sujeito à verdade de si – eliminando a outra – a relação do sujeito com os dogmas – não impede Foucault de propor conclusões gerais sobre o modo de subjetivação próprio ao cristianismo primitivo.

Contudo não devemos nos enganar a respeito do que pode parecer uma operação intelectual não legítima: propor conclusões gerais referentes a um objeto histórico, analisando nele um único aspecto. Não se trata de procurar saber se Foucault é exaustivo em suas análises quando toma como objeto de estudo as instituições cristãs dos primeiros séculos. Em momento algum de sua obra, o que inclui o curso aqui em questão, Foucault pretendeu uma ambição de exaustividade ou de completude em sua maneira de fazer história. Nunca foi questão, para Foucault, dar conta, em suas minúsculas particularidades, de um período histórico ou de uma prática social. Sempre foi questão, pelo contrário, de partir de um estado de fato contemporâneo e dele extrair origens históricas possíveis, a fim de se desfazer, de um lado, de um essencialismo a-histórico que postula a existência de práticas naturais e necessárias e, de outro lado, da inércia política e social que resulta desse postulado. O que nos parece interessante, neste trabalho, e a que destinaremos este estudo, são as operações intelectuais que permitem a Foucault isolar práticas sociais que, no contexto no qual elas emergem, não são isoladas e, a partir desta primeira operação, produzir paradoxalmente conclusões que se aplicam ao mesmo tempo a esse contexto por inteiro e são pertinentes ao quadro de uma genealogia.

Para estudar essas operações intelectuais, vou me ater ao eixo eliminado por Foucault no seu tratamento da relação do sujeito cristão com a verdade – o eixo sujeito/dogmas – a partir das ferramentas de análises desenvolvidas pelo próprio Foucault, e isto de modo a dar conta, de um lado, das razões pelas quais Foucault escolhe explicitamente não tratar desse eixo e, de outro lado, dos pressupostos metodológicos subjacentes ao método genealógico.

A problematização foucaultiana dos atos de confissão no cristianismo primitivo

No intuito de estabelecer um ponto de comparação, antes de abordar o problema da relação do sujeito cristão com a verdade dos dogmas, resumo brevemente o que Foucault desenvolve no curso de 1980 a respeito da relação entre o sujeito e a verdade de si no quadro do cristianismo primitivo.

A prática da direção de consciência constitui o objeto histórico privilegiado por Foucault para estudar os procedimentos de ligação do sujeito à verdade de si nesse contexto. Se a direção de consciência não nasce com o cristianismo, ela, no entanto, adquire em seu seio características específicas, que Foucault relaciona, na aula de 19 de março de 1980, com as características próprias da direção de consciência antiga, notadamente a estoica. Eis, sob a forma de quadro, um resumo sintético da análise comparativa feita por Foucault entre a direção de consciência estoica e a direção de consciência cristã.

Direção de consciência

Antiguidade (Sêneca)	Cristianismo (Cassiano)
Voluntária	Obrigatória
Circunstancial	Permanente
Orientada para o domínio de si do sujeito	Orientada para a destruição da vontade própria do sujeito

A direção de consciência cristã, tal como se desenvolve nas instituições monásticas entre o III e o V século, institui-se a partir de uma virtude que ao mesmo tempo a torna possível e estabelece sua finalidade – a obediência – e a partir de duas práticas: o exame de si e a verbalização de si. Tudo isso é estudado por Foucault nas aulas de 19 e 26 de março de 1980.[2] É a partir da reconstrução da articulação desses três elementos na direção de consciência que Foucault vai especificar o modo cristão de ligação do sujeito à verdade de si mesmo.[3]

---

[2] "Temos na direção cristã um dispositivo no qual se encontra três elementos que estão fundamentalmente ligados uns aos outros e dependentes uns dos outros: o principio da obediência sem fim, o principio do exame incessante e o principio da confissão exaustiva" (Aula de 26 de março de 1980).

[3] "Dizemos em uma palavra, se quiserem, que a direção antiga com suas práticas de obediência provisória, de exame regular, de confidências indispensáveis ao mestre tinha por fim permitir ao sujeito exercer permanentemente a jurisdição de seus atos. Tratava-se para o sábio antigo, tratava-se para

Assim se resume o curso de 1979-1980. Nele Foucault procura dar conta das modalidades de ligação do sujeito à verdade no cristianismo primitivo. Para tanto, toma como objeto de análise, ao longo do eixo sujeito/verdade de si, o vínculo operado entre o sujeito e a verdade dele mesmo. O procedimento foucaultiano é inserir a relação do sujeito com a verdade na estrutura que se articula em torno das práticas de exame de si e da verbalização de si, produzindo, como efeito de subjetivação, um estado de obediência integral concebido como submissão a outrem e destruição da vontade singular do sujeito.

Crítica da compreensão foucaultiana da obediência cristã

A compreensão da virtude cristã de obediência encontrada no curso de 1980 é negativa, já que, segundo Foucault, a obediência no cristianismo designa o movimento de destruição da vontade singular do sujeito. Se essa aceitação constitui uma parte determinante da compreensão ascética cristã da obediência, ela é contudo irredutível a tal definição negativa.

Não se trata de questionar a compreensão foucaultiana da virtude de obediência, uma vez que esta é claramente identificável nos textos de Cassiano. No entanto, o que se problematiza é o lugar determinante que Foucault mesmo lhe confere na reconstrução da subjetivação cristã à qual ele procede. De fato, Foucault caracteriza essencialmente esta subjetivação por essa compreensão negativa da obediência, que ele articula à obrigação da confissão.[4]

O que Foucault retém da maneira com que o cristianismo antigo ligou o sujeito à verdade de si é uma forma específica de subjetivação,

---

Sêneca refletindo a noite sobre si mesmo, de ser sua própria instância de jurisdição, de se fazer a lei em si mesmo. A direção cristã tem, ao contrário, por objetivo não o de estabelecer uma jurisdição ou uma codificação. Trata-se de estabelecer uma relação de obediência à vontade do outro e de estabelecer ao mesmo tempo, em correlação, como condição desta obediência o que chamaria não uma jurisdição, mas uma veridicção: a obrigação do dizer a verdade permanentemente sobre si mesmo e na forma da confissão. Jurisdição dos atos a fim da autonomização do sujeito, tal é o objetivo da direção antiga; obediência ao outro tendo como instrumento uma veridicção de si mesmo, tal é, eu creio, a fórmula da direção antiga" (Aula de 26 de março de 1980).

[4] "Creio que estamos no coração do que constitui o próprio da direção cristã [...], ou seja, estamos no ponto onde se encontram germinadas, emparelhadas, articuladas uma sobre a outra duas obrigações fundamentais [...]. Trata-se com efeito de ligar uma com a outra as duas obrigações seguintes: obedecer em tudo, logo nada esconder. Ou, ainda, ligar juntamente o que principia: nada querer por si mesmo, e o princípio: tudo dizer de si mesmo. Tudo dizer de si mesmo, nada esconder, nada querer por si mesmo, obedecer em tudo: esta junção entre esses dois princípios está, eu creio, no coração mesmo, não somente da instituição monástica cristã, mas de toda uma série de práticas, de dispositivos que vão, eu creio, informar o que constitui a subjetividade cristã e, por consequência, a subjetividade ocidental" (Aula de 19 de janeiro de 1980).

caracterizada pela noção de obediência compreendida como destruição da vontade singular do sujeito e, ao mesmo tempo, submissão a um outro. Na perspectiva genealógica foucaultiana, é isso que constitui o coração (centro) da subjetivação cristã. Testemunhando as últimas palavras do curso de 1980:

> O cristão tem a verdade no fundo de si e está atrelado a este profundo segredo, ele está indefinidamente curvado sobre si e indefinidamente forçado a mostrar ao outro o tesouro que seu trabalho, seu pensamento, sua atenção, sua consciência, seu discurso não param de emanar. E é assim que ele mostra que a enunciação do discurso de sua própria verdade não é simplesmente uma obrigação essencial. É uma das formas primeiras de nossa obediência (Aula de 26 de março de 1980).[5]

Essa noção de obediência, na compreensão negativa que Foucault lhe dá, é portanto determinante para o evidenciar da subjetividade cristã tal qual é lida pelo pensador francês no eixo tratado nesse curso, o eixo da relação sujeito/verdade de si.

O que surpreende é o fato de Foucault, inúmeras vezes, se precaver contra leituras negativistas dos fenômenos sociais, políticos ou culturais. Foucault parece aqui privilegiar um tal enfoque na interpretação que ele dá das técnicas cristãs de si. Com efeito, se se pode admitir, segundo as análises de Foucault, que a produção da verdade de si para o sujeito requer sua obediência, ou seja, a destruição de sua vontade singular, torna-se entretanto difícil reduzir a subjetivação cristã a um tal processo de destruição da vontade do sujeito. É preciso sobretudo admitir efetivamente, lendo os próprios textos, que a obediência na qual essa verdade se manifesta é apenas uma faceta do que foi sempre requerido do sujeito em termos de obediência: ela é a faceta negativa dela. E é, parece, no texto rejeitado por Foucault, no início do curso, ou seja, no eixo sujeito/dogmas/fé, que se deixa ler a faceta positiva dessa obediência.

---

[5] O texto que citamos é um dos mais problemáticos que se encontra aqui e ali no curso de 1980. Trata-se de um texto que, em relação a uma conclusão limitada por um objeto específico – aqui as modalidades da ligação sujeito/verdade no cristianismo primitivo –, articula um prolongamento sob a forma de generalização da proposta. O esquema é este: pode-se, por um lado, colocar em evidência certos efeitos de subjetivação próprios de práticas culturais historicamente edificáveis e pode-se, por outro lado, aplicar o que colocamos em evidência em outro momento histórico do mesmo campo cultural. É o modo de funcionamento da enquete genealógica: dar conta, no quadro do Ocidente, de práticas culturais historicamente localizadas e ver em que elas nos informa sobre o que somos, sobre nossa própria subjetividade.

Logo, o problema que coloca este modo de pesquisa é este: como compreender, como conceber concretamente, precisamente esta continuidade, da subjetivação ocidental que se é obrigado a postular, se se quer dar um sentido a expressões como: "A subjetivação do homem ocidental é cristã, ela não é greco-romana" (Aula de 12 de março de 1980). Sabendo que Foucault (1994) tem, aliás, uma concepção descontinuista da história.

A determinação positiva da obediência cristã

Encontramos nos textos cristãos dos primeiros séculos uma outra concepção, desta vez positiva, da virtude da obediência. À compreensão de obediência privilegiada por Foucault, ou seja, à compreensão da obediência como destruição da vontade singular, articula-se, nesses textos, uma compreensão da obediência como "concordância", ocorrendo como concordância dos atos e dos pensamentos do sujeito com as prescrições divinas.

Essa compreensão positiva da obediência trata da problemática da relação do cristão com a verdade dos dogmas, e não da sua relação com a verdade de si. O problema da relação do sujeito cristão com a verdade dos dogmas foi rejeitado por Foucault na medida em que se articulou mais facilmente, segundo o filósofo, com uma análise em termos de ideologia, que foi explicitamente colocada de lado (Aula de 30 de janeiro de 1980).[6] Entretanto, lendo os textos cristãos dos primeiros séculos, que tratam desse eixo sujeito/dogmas/fé, percebemos que uma análise em termos de subjetivação e de técnicas de si é possível e, sobretudo, fecunda na perspectiva de produzir uma genealogia da subjetividade ocidental, que é a intenção de Foucault.

No cristianismo, o processo pelo qual o sujeito destrói sua vontade singular é sempre articulado a um processo de constituição de si que tem por alvo constituir o sujeito na superfície de reflexão das vontades divinas. O modo de subjetivação cristã é portanto bem constituído, em um primeiro tempo, por um movimento de dessubjetivação, se se entende por isso um processo que destrói, no sujeito, o que constitui sua singularidade, a saber sua vontade individual. Sendo assim, esse movimento de dessubjetivação toma simultaneamente a forma de um movimento de constituição da subjetividade sob os traços de uma assimilação do sujeito a Deus, ou seja, de uma constituição de si como mediador de vontades divinas. Em outros termos, a subjetivação cristã, tal como se pode ler nos textos cristãos dos séculos III-V, é a produção de uma subjetividade alienada: ela produz, além do mais, efeitos de liberação, trata-se de as analisar em sua positividade.

Encontramos essa determinação positiva da virtude da obediência no *Pedagogo,* de Clemente de Alexandria (150-220). No curso de 1980, Foucault cita essa obra a propósito da noção de conhecimento de si. Estudando as práticas cristãs na perspectiva das técnicas de si, Foucault mostra que, quando Clemente fala de conhecimento de si, não estamos ainda no nível de uma técnica, nível que se encontrará, segundo ele, apenas nas instituições monásticas, um século e meio mais tarde.

---

[6] Ver, também, a *Introduction* ao livro *Histoire de la séxualité,* II: l'usage des plaisirs (1984).

Eis o texto de Clemente, que Foucault cita no início da aula de 19 de março de 1980: "Parece que o maior de todos os conhecimentos seja o conhecimento de si mesmo; pois aquele que se conhece a si mesmo terá o conhecimento de Deus e, tendo este conhecimento, se tornará semelhante a Deus" (FOUCAULT, 1970, c. 1 por CLEMENTE DE ALEXANDRIA, 1970, c. 1). Eis a interpretação que dá Foucault no curso de 1980:

> Vejam bem que há aí, sem dúvida, a afirmação da necessidade fundamental, essencial, do se conhecer a si mesmo. Mas isso não tem nada a ver com uma técnica que seria aquela da investigação de si mesmo, do exame retrospectivo e sistemático de seus atos, nada a ver com sua classificação e sua valorização relativa em bom e ruim, um pouco melhor, um pouco pior, etc. [...]. Nesse texto de Clemente de Alexandria, de que se trata? Trata-se então de se conhecer a si mesmo. Por quê? Para que se possa aceder ao conhecimento de Deus, ou seja, para que se possa reconhecer o que pode haver de divino em si, reconhecer na alma a parte ou o elemento que é de forma, de princípio, de origem divina ou, em todo caso, que está em relação com Deus (Aula de 19 de março de 1980).

Que esteja aí o sentido dessa necessidade de conhecer a si mesmo em Clemente de Alexandria, a prova está na sequência do texto, em que, após ter afirmado, então, que é preciso se conhecer, Clemente de Alexandria desenvolve seu propósito referindo-se à tripartição platônica e dizendo que, no *logikon*, no *logos* e através dele, se pode efetivamente conhecer o *logos* divino. Então, não é exatamente a si que conhece no *gnonai seauton*. O que se conhece é Deus, o divino em si ou é o que lhes permite conhecer o divino em si mesmo.

Se Foucault exclui esse texto da história que ele está fazendo das instituições cristãs, nesse caso a do exame de consciência, é na medida em que é ilegível na perspectiva dos atos de confissão que ele adotou mais cedo no curso. Com efeito, não se lê, nesse texto, a descrição do que, por exemplo, se lê em Cassiano, a saber, o das técnicas que devem permitir a extração da verdade de si do sujeito.

Assim sendo, excluindo esse texto, Foucault faz como se, dele, não pudesse tirar conclusões sobre o modo de subjetivação cristã ou sobre as técnicas que a produzem. Em outros termos, Foucault, privilegiando legitimamente uma perspectiva, a dos atos de confissão, exclui alguns textos de sua leitura do cristianismo primitivo. O que chega, muito problematicamente, desta vez, a reduzir a subjetivação cristã ao que se pode ler nos textos interpretados, quanto a eles, a partir da perspectiva dos atos de confissão. O problema das análises foucaultianas das práticas espirituais no cristianismo primitivo tem como traço esse deslizamento: se se aborda a pertinência e o interesse de questionar os modos de ligação do sujeito à verdade no cristianismo primitivo, se se aborda, além disso, a distinção, relativa a essa relação do sujeito com a verdade, entre o eixo dos dogmas e o eixo da verdade de si, e se se aborda enfim em que o estudo das técnicas que permite a produção da verdade de si pelo sujeito conduz a uma subjetivação específica, o que fica problemático é a generalização dos efeitos de subjetivação colocados em evidência no eixo 1 (sujeito/verdade de si) com a subjetivação geral do cristianismo. É o fato de abandonar o eixo (sujeito/verdade dos dogmas) e de propor, malgrado todas as conclusões gerais, que põe problema. E isso ocorre na medida em que o estudo dos textos a partir deste eixo 1 parece nuançar amplamente as conclusões colocadas a partir das análises levadas no eixo 2.

Para compreender isso, é preciso se concentrar na sequência do texto de Clemente de Alexandria:

> [...] parece que o maior de todos os conhecimentos seja o conhecimento de si mesmo; pois aquele que se conhece a si mesmo terá o conhecimento de Deus e, tendo esse conhecimento, se tornará semelhante a Deus: sem vestes bordadas em ouro nem túnica caindo até os pés, ele faz o bem e tem o mínimo de necessidade possível; ora, só Deus é sem necessidade e se rejubila quando nos vê puros e ornados da beleza interior, mas também revestidos da beleza do corpo, desta túnica santa que é a castidade (Clemente de Alexandria, 1970).

Certamente, o conhecimento de si tal como entende Clemente não designa uma técnica de exame de si e de verbalização de seus pensamentos. Mas esse conhecimento de si se articula apesar de tudo a um conjunto de procedimentos que produzem efeitos de subjetivação. Nesse sentido, o conhecimento de si, tal como é tematizado por Clemente, é irredutível ao que Foucault parece reduzi-lo, a saber, um simples conhecimento do objeto (de si ou de Deus) sem efeito simultâneo de transformação da subjetividade do sujeito do conhecimento. Com efeito, conhecer-se é conhecer quem, segundo o critério das vontades divinas, constitui o Bem e o Belo, e é trabalhar para atingir isso, ou seja, no vocabulário de Clemente, é trabalhar para "se tornar semelhante a Deus". Essa similitude descontada designa um modo de constituição específica da subjetividade. E essa constituição da subjetividade sob uma forma determinada é, em Clemente, obtida pela obediência. Não a obediência tal como se lê em Cassiano – e que designa a destruição da vontade singular do sujeito –, mas uma obediência positiva, a obediência à vontade divina, que constitui a subjetividade como reflexo dessa vontade.

É o que se lê nas primeiras frases do *Pedagogo*: "Construímos para vocês, minhas crianças, uma base de verdade: para o tempo sagrado do grande Deus, é fundamento sólido do conhecimento, uma bela exortação, um desejo da vida eterna que se obtém por *obediência* conforme ao Logos, e esse desejo tomou raiz no campo da inteligência" (CLEMENTE DE ALEXANDRIA, 1983, cap. 1, § 1).[7]

Uma determinação positiva de obediência está em operação nesse texto, a obediência como adequação à vontade divina. Obedecer à vontade divina é, na concepção do cristianismo primitivo, incorporar as prescrições de Deus tal como as encontramos nas Escrituras. Ao se concentrar exclusivamente nas técnicas de produção da verdade do sujeito e sobre a constituição da subjetividade que daí resulta, Foucault negligenciou esse processo de incorporação das Escrituras, que designa ao mesmo tempo um conjunto de técnicas (de escuta, de leitura, de ensino) e um processo de subjetivação específico (que toma a forma de um processo em que se trata de se tornar semelhante a Deus ou de imitar a Cristo[8]). Trata-se portanto de olhar um pouco mais de perto essas técnicas a fim de compreender o que essa negligência significa.

O eixo sujeito/dogmas/fé lido a partir das técnicas de si que o constituem

Encontramos, na literatura do cristianismo primitivo, várias técnicas produzindo, no quadro do eixo sujeito/dogmas, efeitos de subjetivação. Evocarei aqui as três mais importantes, a saber, o ensino (que o noviço recebe do mestre), a leitura (das Escrituras santas) e a prece.

Ensino

Encontramos um exemplo claro da prática do ensino, de seu desenvolvimento e dos efeitos que ele deve produzir em texto de Agostinho intitulado *A catequese dos iniciantes*. Esse texto é a exposição, por Agostinho, de um método para ensinar aos noviços os princípios da fé cristã. Situa-se então no nível do eixo sujeito/dogmas, já que trata de ligar, por meio de um método de ensino, o sujeito à verdade dos dogmas cristãos.

---

[7] Sublinhamos o termo "obediência", traduzido aqui do grego "hupakoê". Esse termo, que se encontra, por exemplo, em 2 Cor 7, 15 e em 2 Co 10, 6 é traduzido em latim por *oboedientia*. É esse termo que utiliza Cassiano, notadamente quando fala de obediência ao mestre ou obediência a Deus, por exemplo, na sétima de suas Conferências (5, 4), na qual cita precisamente 2 Co 10, 6. Prova então que esta obediência que se encontra em Clemente de Alexandria para falar de obediência a Deus, produzindo, como efeito de subjetivação, uma assimilação da alma a Deus, é uma outra componente da obediência requerida do sujeito cristão, além daquela que designa a destruição de sua vontade singular.

[8] *Pédagogue* I, II, 1-2: "Nosso Pedagogo, meus filhos, assemelha-se a Deus, seu Pai, de quem ele é o Filho sem pecado, sem reprovação, sem paixão em sua alma, Deus sem excesso sob o aspecto de um homem, servidor da vontade do Pai [...]. Para nós, ele é a imagem sem peso: de todas nossas forças, é preciso tentar tornar nossa alma semelhante a ele".

Se o ensino trata da explicitação dos episódios narrados nas Escrituras e pode nisso ser estudado de um ponto de vista ideológico, do ponto de vista do conteúdo dos dogmas, ele deve, além disso, produzir efeitos de transformação da subjetividade, no que ele é irredutível a esta primeira perspectiva.[9]

O ensino, que especifica a relação do sujeito com a verdade dos dogmas, deve produzir efeitos de transformação da subjetividade. O eixo da relação sujeito/dogmas é portanto irredutível a um estudo em termos de ideologia. Também, o eixo sujeito/verdade de si não é o único, no cristianismo, no qual se pode tomar efeitos de subjetivação produzidos por técnicas específicas.

O que, além do mais, é notável nesse texto, é que se vê funcionar procedimentos que Foucault vê, por sua parte, funcionar nos eixo sujeito/verdade de si, no caso a verbalização de sua interioridade pelo sujeito. Com efeito, isso é requerido do aprendiz a fim de que aquele que ensina saiba onde está seu aluno em sua progressão.

> É muito útil que sejamos, se o podemos, advertidos por esses que conhecem o candidato sobre seu estado de espírito do que o leva a vir adotar nossa religião. Se não há ninguém para nos informar sobre esse ponto, se interrogará o próprio interessado, e são suas respostas que nos fornecerá o ponto de partida de nossa exposição (AGOSTINHO, 1949, IV, 9).

A verbalização de si, tal como ela é formalizada sob a figura da confissão por Foucault, no quadro de sua análise da direção de consciência, é portanto irredutível a essa figura. Ela constitui uma forma central, mas não é entretanto a única, já que se vê aqui que a verbalização de si pode também tomar a forma do diálogo com o mestre.[10]

A leitura das Escrituras

Segunda técnica, a leitura das Escrituras. Encontramos longos desenvolvimentos a respeito dessa técnica, notadamente na obra de Cassiano.[11]

---

[9] Ver AGOSTINHO, 1949, IV, 8: "Porque nada é mais contrário ao amor que o envia, filha do orgulho, o Senhor Jesus Cristo, Deus e homem, é ao mesmo tempo, como Deus, a prova de seu amor para nós e, como homem, entre nós, o exemplo de humildade, para curar nosso orgulho desmedido com um remédio contrário e maior ainda. Portanto, te propondo esse amor como objetivo de toda tua exposição, diz tudo o que tu dizes de maneira a suscitar a fé de teu ouvinte do fato de que ele te ouve, e que sua fé engendra a esperança, e a esperança o amor".

[10] E ser assim analisável através do eixo sujeito/dogmas e na perspectiva de ler aí efeitos de subjetivação. Para isso, ver, notadamente, AGOSTINHO, 1949, VI, 11: "O que é preciso buscar antes de tudo, é que nosso ouvinte ou, para melhor dizer, o ouvinte de Deus por nosso intermédio, se colocará a progredir em bons costumes e em ciência e entrará com ardor na via do Cristo".

[11] Estamos tão mais surpresos do silêncio de Foucault a respeito do eixo sujeito/verdade dos dogmas e os efeitos de subjetivação que pode ler que o autor que é para ele central quando se trata de estudar o eixo sujeito/verdade de si é também o autor que, talvez, terá o mais precisamente desenvolvido análises se inserindo nesse eixo negligenciado, a saber, Cassiano.

No livro XIV, § 10 das Conferências, Cassiano enuncia uma exigência fundamental na iniciação espiritual: "é preciso ler sem cessar e confiar à sua memória as Santas Escrituras". A leitura das Escrituras é indispensável na progressão espiritual do monge. Ela é, como o diz Cassiano, um "instrumento espiritual" (CASSIEN, 1955, I, § 22). A subjetivação cristã tal como se lê em Cassiano é irredutível ao que dela conclui Foucault. O eixo sujeito/dogmas é emprestado por Cassiano através da exposição de um conjunto de técnicas devendo permitir a incorporação das Escrituras, ou seja, um tipo de subjetivação específica. E se Foucault encontra em Cassiano o paradigma da ligação cristã do sujeito com a verdade dele mesmo através do dispositivo obediência/exame de si/verbalização de si, é surpreendente que ele nunca mencione a exigência do silêncio que em Cassiano acompanha a mediação/incorporação dos princípios escriturais.[12]

Não se pode então dissociar, na obra de Cassiano, as técnicas que devem permitir a purificação de si – ou seja, a inserção do sujeito na estrutura exame de si/verbalização de si e a destruição de seu valor singular – das técnicas que devem permitir a incorporação das vontades divinas, neste caso, as técnicas de incorporação da Escritura.

Prece

Terceira técnica que assegura, no eixo sujeito/dogmas, efeitos de subjetivação: a prece. Encontramos uma descrição dela na obra de Cassiano. Distinguindo vários níveis de prece, segundo o estado de avanço do sujeito na progressão espiritual, Cassiano tematiza a noção de "estado de prece", que designa a relação – ideal – que entretém o sujeito com Deus desde o momento em que ele se livra das paixões carnais e que ele assimila os ensinamentos das Escrituras.

Encontramos aqui dois eixos destacados por Foucault: o eixo da relação sujeito/verdade de si – através do qual o sujeito se purifica renunciando a sua vontade singular – e o eixo da relação sujeito/dogmas – através do qual o sujeito incorpora os ensinamentos contidos nas Escrituras. O efeito de subjetivação produzido pela articulação desses dois eixos não é o estado de obediência tal como foi colocado em evidência por Foucault, mas a assimilação da alma a Deus:

---

[12] Ver CASSIEN, 1958, XIV, 9: "Aplicais-vos, se quereis que vossas leituras e vosso ardor pelo trabalho não sejam estéreis, a vos impor a vós mesmos um grande silencia. É o primeiro passo a fazer na vida da ciência prática. Para bem escutar os ensinamentos dos antigos, é preciso saber escutá-los de todo coração e em silêncio, os reter com cuidado em sua alma, e se apressar muito mais para praticá-los que os ensinar aos outros".

> A prece que Nosso Senhor nos ensinou [...] eleva aqueles que lhe são fiéis a um estado superior [...] e ela nos conduz a esta prece de fogo que bem poucos conhecem, e que não poderão explicar, porque ela ultrapassa o sentido do homem. Não é o som da voz, o movimento da língua e a reunião das palavras que a formam; a alma iluminada por uma luz celeste não emprega nenhuma linguagem humana, mas ultrapassa afecções, como uma fonte abundante, e ela se eleva para Deus de uma maneira inefável dizendo tantas coisas ao mesmo tempo que ela não pode dizer e lembrar quando retorna a si mesma (CASSIEN, 1958, IX, 25).

A subjetivação cristã tal como é notadamente descrita por Cassiano articula, portanto, dois movimentos que se podem ler ao longo dos dois eixos retirados por Foucault para pensar a relação do sujeito cristão com a verdade. Ao longo do eixo subjetividade/verdade de si, o sujeito tem de dizer a verdade de si mesmo a partir de um conjunto de técnicas que requerem e produzem sua obediência. A subjetivação produzida se lê como destruição da vontade singular, e ela é produzida a partir de técnicas de "exame de si mesmo/verbalização de si mesmo" que constituem a direção de consciência especificamente cristã. Ao longo do eixo sujeito/dogmas, o sujeito tem de acreditar em um conjunto de dogmas que constituem a fé cristã e incorporá-las graças a um conjunto de técnicas. A subjetivação produzida se lê como assimilação progressiva a Deus, imitação de Cristo, e ela é produzida a partir das técnicas "ensino, leitura e prece", notadamente.

Dessa subjetivação, Foucault, em sua leitura do cristianismo primitivo, não reteve senão a primeira dimensão. Podemos, a partir da finalidade que Foucault confere às suas análises, perguntar não tanto por que este é o eixo que Foucault privilegiou, mas por que fez dele o eixo determinante do processo de subjetivação no cristianismo primitivo, e isso em detrimento do outro eixo que parece, entretanto, na leitura dos textos cristãos dos primeiros séculos, tão importante quanto o primeiro.

O privilégio do eixo sujeito/verdade de si nas análises foucaultianas da subjetivação cristã

A análise do complexo institucional designado pela prática de direção da consciência tal como funciona no quadro do cristianismo primitivo, através do eixo sujeito/verdade de si, permite a Foucault propor um conjunto de conclusões no quadro de seu projeto genealógico. O eixo sujeito/verdade de si recobre de fato um conjunto de técnicas que permitem extrair a verdade do sujeito e produzem efeitos de constituição e transformação da subjetividade. Mesmo se a interpretação que dá Foucault das técnicas de si assegurando, no quadro do cristianismo antigo, uma relação específica do sujeito com a verdade, é produzida a partir de análises parciais das práticas sociais tomadas por objeto, seria absurdo dizer que essa leitura é falsa, já que o que Foucault propõe fazer não é uma análise do cristianismo, mas uma análise genealógica dos modos de ligação do sujeito com a verdade no Ocidente.[13] Trata-se, entretanto, se damos um crédito heurístico a esse tipo de análise, de considerar a possibilidade da legitimidade de desconectar práticas que, em sua emergência e em seu funcionamento históricos, não estão desconectadas. É o caso, como vimos, de práticas de exame de si do sujeito e de manifestação de sua verdade, de uma parte, e da incorporação da verdade das Escrituras (pelo viés do ensino, da leitura e da prece), de outra parte.

A fim de explicitar as condições epistemológicas de possibilidade dessa desconexão, Foucault desenvolveu a noção de "forma cultural". No seminário consagrado à confissão, ministrado em Louvain, em 1981,[14] Foucault estuda ocorrências históricas precisas da prática da confissão, tomando para isso diversos contextos: A Grécia clássica – através do estudo de *Édipo Rei*, de Sófocles –, o cristianismo primitivo – através do estudo dos textos de Cassiano –, a Europa ocidental dos séculos XVII-XIX – através das diferentes formas tomadas pela prática da confissão nas instituições jurídicas. Se Foucault pode utilizar o mesmo termo, "confissão", para evocar práticas culturais diferentes, porém tendo uma familiaridade identificável, é na medida em que ele não tem da confissão uma compreensão que implica um conteúdo. A confissão é para ele uma forma de que se pode produzir uma definição descontextualizada, se bem que se não possa produzi-la senão a partir de análises. Levando em conta a especificidade nas quais essa prática funciona de modo bem determinado: "A confissão foi uma forma cultural, ela é uma prática social fora da instituição judiciária. Essa prática social não permaneceu estável no curso dos séculos [...]. O estatuto e as formas de veridicção de si mesmo são profundamente modificados em nossas sociedade".[15] A confissão concebida como forma cultural é então o que designa a ligação do sujeito à verdade de si mesmo – através do exame

---

[13] Ver a aula de 30 de janeiro de 1980: "É do lado do cristianismo, e do cristianismo primitivo que vou tentar enquadrar um pouco esse problema histórico da constituição de uma relação entre o governo dos homens e os atos de verdade, enfim os atos refletidos de verdade". O que é um modo particular de abordar o problema mais geral enunciado na aula de 6 de fevereiro de 1980: "como os homens, no Ocidente, foram ligados ou foram levados a se ligar das manifestações bem particulares de verdade nas quais, precisamente, são eles mesmos que devem ser manifestos em verdade? Como o homem ocidental se ligou à obrigação de manifestar em verdade o que é ele mesmo?".

[14] Ver «Mal faire, dire vrai. Fonctions de l'aveu", texto inédito.

[15] Ver «Mal faire, dire vrai. Fonctions de l'aveu", texto inédito.

de si e da verbalização do que foi descoberto ao curso desse exame – a partir de um conjunto de técnicas que produzem sobre sua subjetividade efeito de constituição e de transformação.

Podemos perceber ao menos duas virtudes heurísticas inerentes a essa noção de forma cultural e ao processo de abstração que ela implica. Primeiramente, ela permite isolar práticas que, historicamente, não estão isoladas. A partir daí, torna-se possível dar conta, ao mesmo tempo, da singularidade dessas práticas e do modo de ligação histórica destas a outras práticas isoladas da mesma maneira. Essa noção de forma cultural, sendo a abstração de ocorrências histórica e culturalmente localizadas de práticas sociais, permite em seguida colocar em evidência, sob a profusão de singularidades históricas, continuidades de prática em uma área cultural.

A essas virtudes correspondem, entretanto, dois perigos. Primeiramente, o que consiste em conferir uma autonomia determinante à prática isolada e a assim perder de vista que sua singularidade histórica lhe foi dada por sua articulação a outras práticas: qual interpretação atribuir assim à leitura foucaultiana das instituições do cristianismo primitivo, uma vez que Foucault propõe uma interpretação geral da subjetivação cristã a partir de uma análise explicitamente parcial, dedicando-se a uma prática que ele mesmo isolou e que, historicamente, não está isolada da espécie?

Segundo perigo: o que consiste em atribuir à continuidade ocorrências históricas de uma prática concebida, pela singularidade dessas ocorrências, como forma cultural, uma virtude causal e explicativa. Assim fazendo, postula-se uma capacidade causal essencial inerente a essa forma cultural cujas ocorrências históricas não seriam senão acidentes, o que, entretanto, se acomoda mal com a concepção descontinuista da história que é a de Foucault (1994).

Evitando permanentemente conferir à noção de forma cultural uma tal potência causal e insistindo sobre a singularidade histórica das práticas que estuda, Foucault permanece entretanto flexível sobre as modalidades de ligação das práticas históricas singulares que organiza sob a etiqueta de uma forma cultural comum. Propondo-se produzir a genealogia da subjetividade ocidental e produzindo, nessa ótica, reduções formais de certas práticas que postulam vínculos de filiação entre elas, Foucault não explicita efetivamente nunca as formas tomadas por essa filiação. Qual relação se pode encontrar, por exemplo, entre hermenêutica de si da direção cristã e a análise na psicanálise freudiana? Se, por vezes, Foucault as coloca em relação, notadamente no seminário de Louvain, afirma senão paradoxalmente, ao menos de modo problemático, de um lado, que elas têm uma aparência familiar, já que constituem as ocorrências singulares, e, de outro lado, que elas têm numerosas diferenças que lhes conferem sua singularidade histórica.

O problema que podemos então colocar é o das modalidades da relação dessas ocorrências. Essa é a formulação de um questionamento mais geral que se pode colocar para a análise genealógica e que é a das modalidades precisas da relação das análises históricas com nossa modernidade que, no quadro da genealogia, essas análises devem, de um modo ou de outro, esclarecer. Se a genealogia do sujeito ocidental deve permitir, a partir das análises históricas, desenhar os contornos de nossa subjetividade contemporânea, então é preciso poder colocar em relação as práticas que, pouco a pouco, contribuem para produzir essa subjetividade. A tensão entre o reconhecimento da singularidade histórica das práticas, de uma parte, e a operação intelectual que as reconduz a uma forma semelhante, de outra parte, torna difícil essa empresa.

Conclusão

Como havia bem indicado desde o início deste texto, não se trata de colocar aqui o grau de completude das análises de Foucault relativa ao cristianismo antigo no curso de 1979-1980, *Do governo dos vivos*. Trata-se, para mim, de colocar em evidência a especificidade da experiência que constitui a leitura foucaultiana das práticas espirituais do cristianismo primitivo a partir das operações intelectuais que a tornam possível.

O projeto genealógico foucaultiano toma a forma, nesse curso, de uma análise das modalidades institucionais de ligação do sujeito à verdade dele mesmo no cristianismo antigo, análise que permite caracterizar o tipo de subjetivação que se representa como destruição da vontade singular do sujeito. Mostramos que, nessa empresa, Foucault exclui explicitamente práticas que, historicamente, estavam de modo essencial ligadas às práticas que ele estuda com precisão no curso. Sendo assim, malgrado essa exclusão arbitrária, as conclusões propostas por Foucault são perfeitamente receptíveis, porque elas não têm por objetivo constituir uma síntese exaustiva do cristianismo antigo, mas dos pontilhados de genealogia. As operações intelectuais as tornam oscilantes, em um jogo difícil de jogar, entre reduções formais, de uma parte, e descontinuismo que respeita as singularidades históricas, de outra.

A dificuldade que se pode experimentar ao entrar nesse jogo – não fazendo da genealogia uma história linear da racionalização progressiva das práticas, ou simplesmente não a tornando impossível ao insistir sobre o caráter irredutivelmente histórico das práticas culturais – prende-se ao fato de que Foucault nunca explicita precisamente as regras. É um pensamento que requer muito de seu leitor: não lhe indica nem como nem o que pensar, sugere que é possível pensar de outro jeito. Reconstruindo as operações intelectuais que condicionam o trabalho de Foucault, colocamo-nos nas melhores disposições a fim de poder ser afetados por ele.

Referências

AGOSTINHO. *La catéchèse des débutants.* Trad. G. Combès et J. Farges. Paris: Desclée de Brouwer, 1949. v. 11.

CASSIEN. *Conférences I.* Trad. E. Pichery, Sources chrétiennes (42 bis). Paris: Cerf, 1955.

CASSIEN. *Conférences II.* Trad. E. Pichery, Sources chrétiennes (54). Paris: Cerf, 1958.

CLEMENTE DE ALEXANDRIA. *Le pédagogue*: livre I. Trad. M. Harl, Sources chrétiennes (70). Paris: Cerf, 1983.

CLEMENTE DE ALEXANDRIA. *Le pédagogue*: livre III. Trad. C. Montdésert et C. Matray, Sources chrétiennes (158). Paris: Cerf, 1970.

FOUCAULT, M. (1983) À propos de la génealogie de l'éthique: um aperçu du travail em cours. In: *Dits et écrits.* Paris: Gallimard, 1994. v. 4.

FOUCAULT, M. *Du gouvernement des vivants. Cours au Collège de France, 1979-1980.* Disponível em fitas-cassete: C 62 (01-12). Arquivos IMEC, Paris: 1980.

FOUCAULT, M. *Histoire de la sexualité* 1: La volonté de savoir. Paris: Gallimard, 1976.

FOUCAULT, M. Nietzsche, la généalogie, l'histoire. In: *Dits et écrits.* Paris: Gallimard, 1994. v. 2.

CAPÍTULO 5

Verdade e subjetividade: uma outra história do cristianismo?

Michel Senellart

Tradução: Cesar Candiotto e Pedro de Souza

A questão do cristianismo, a partir de meados dos anos 1970, ocupa um lugar crescente no trabalho de Foucault. Ela é abordada de diferentes pontos de vista: o das disciplinas, primeiramente, e o processo de normalização social na época clássica; do pastorado, como matriz da governamentalidade moderna; aquele, enfim, da veridicção, com a comparação das formas antigas e cristãs do exame de consciência e da *parresia*. Se os ângulos de abordagem variam, a análise foucaultiana, ao contrário, segue um fio condutor muito constante, através da problemática geral da confissão, ou seja, da relação específica, na cultura cristã, que liga o sujeito à sua própria verdade, em vista de assegurar sua salvação. É permitido, desde então, considerar a pesquisa de Foucault como fragmentos sucessivos de uma "analítica" visando a colocar em destaque as formas originais de produção da subjetividade elaboradas por esse último no curso dos séculos: um estudo, portanto, do cristianismo na perspectiva da história do sujeito. É a historicidade do sujeito, não a do cristianismo enquanto tal, que estaria no centro da reflexão de Foucault. Essa constatação, sem dúvida, é indiscutível, mas precisa, entretanto, ser nuançada, até mesmo corrigida, por duas razões: de um lado, porque Foucault, ao longo de todos esses anos, aprofundou sua pesquisa segundo uma estratégia regressiva que o faz remontar, por etapas, dos séculos XVI e XVII (contrarreforma tridentina) aos séculos IV e VII (organização da pastoral, monaquismo); depois, aos primeiro e terceiro séculos (práticas de veridicção) e, no último curso, a todo o início do primeiro século (*parresia*); de outro lado, porque esse percurso o leva a colocar com insistência a questão do "próprio cristianismo"[1] em relação a outras formas de civilização. Tudo se passa então em Foucault, como se

---

[1] M. Foucault. *Mal faire, dire vrai. Fonctions de l'aveu en justice.* Organizado por F. Brion et B. Harcourt. Louvain: Presses universitaires de Louvain, 2012.

a colocação em evidência de uma dimensão particular do cristianismo dissesse ao mesmo tempo algo de essencial sobre sua verdadeira natureza como fenômeno. Eis por que nos parece legítimo nos perguntar qual história do cristianismo decorre da problemática desenvolvida e sem cessar retrabalhada por Foucault nos seis últimos anos de seu ensino.

★

Essa história do cristianismo, tal como esboçada por Foucault, através de seus vários enfoques, desenrola-se dentro de certos limites que convém primeiro esclarecer, antes de examinar as questões interpretativas que daí resultam. Ela se caracteriza, na verdade, pela colocação a distância de três problemas maiores da historiografia do cristianismo: a da fundação, a da escatologia e a relação entre os poderes espiritual e temporal.

O problema da fundação, primeiramente: trata-se da questão, infinitamente debatida desde o século XIX, do vínculo entre a mensagem crística, a constituição do cânon do Novo Testamento e o desenvolvimento da tradição eclesial. Qual é o verdadeiro fundador da religião cristã? É Jesus? É Paulo? Essa fundação pode ser remetida à forma de um discurso instituinte, segundo a figura mítica do grande Legislador, ou ela resulta de um processo gradual, com múltiplos atores? Como, desde então, um *corpus* dogmático se formou a partir do *kerigma* inicial? Questão posta notadamente por Harnack (1902, p. 6), em suas conferências de Berlim, em termos de "essência do cristianismo":[2] "o que é o cristianismo? O que foi? Em que se tornou?", em vista de "separar o núcleo de sua casca" (1902, p. 13), isto é, a predicação original de seu desvio dogmático. Essa estratégia visando a "levantar o essencial"[3] justificava, sem dúvida, as críticas de Loisy, que se inquietava de ver "um movimento tão considerável quanto o cristianismo reduzido a uma única ideia ou a um único sentimento". "Uma religião que teve tanto lugar na história e que renovou, por assim dizer, a consciência da humanidade tem seu ponto de partida e toda sua substância em um único pensamento?" (LOISY, 1904, introdução, p. IX). Mas ela encontrou seu prolongamento, ao preço de uma reforma radical de suas premissas, na escola da *Formgeschichte*, cujo programa era dar conta da gênese da tradição evangélica, não como texto-fonte, mas como expressão

---

[2] A. von Harnack (teólogo protestante, 1851-1930), *Das Wesen des Christentums*, …, 1900; *L'essence du christianisme*, Paris, Librairie Fischbacher, 1902. Cf. J. Hadot, «Harnack», *Encyclopedia Universalis*, v. 8, 1975, p. 254-255.

[3] Citado por A. Dumais, Sobre a essência do cristianismo: a posição de E. Troeltsch, *Laval théologique et philosophique*, 54/2 (1998), p. 334, a partir de Troeltsch: "A tarefa suprema do historiador, diz ele [Harnack], é levantar o essencial, o que tem de valor e que subsiste".

das crenças e das esperanças da comunidade cristã da segunda metade do primeiro século.[4] Toda exegese histórico-crítica dos cinquenta últimos anos é resultado dessa corrente – que Ricœur resume por essa palavra: "o desarmamento Bultmann"[5] – ou se confrontou com seus trabalhos. Fora do campo da história religiosa, aliás, sabe-se que importância tomou a figura de São Paulo na filosofia contemporânea,[6] em um autor, por exemplo, como Alain Badiou que vê na proclamação paulina da ressurreição (esta "fábula") o acontecimento puro, não fundado, da fundação cristã.[7]

A leitura de Foucault permanece totalmente estranha a essa problemática, sob qualquer ângulo que se a considere. Segundo a estratégia teorizada em 1971, em seu artigo "Nietzsche, a genealogia e a história", ele recusa toda busca de um sentido original ou de um acontecimento fundador, para se interessar apenas pelas "emergências", ou seja, ao mesmo tempo o "lugar do afrontamento" de certas forças e o "ponto de surgimento" de novas regras[8] (é significativo que os exemplos que ele empresta de Nietzsche, neste lugar, se reportam, na maior parte, à história do cristianismo). Assim Tertuliano, no curso de 1980, representa o ponto de emergência do princípio do temor da relação do sujeito cristão consigo mesmo,[9] e a direção da consciência monástica, o ponto de emergência da confissão como modo especificamente cristão de sujeição.[10] Essas emergências não constituem as etapas de uma gênese; elas "são efeitos de substituição, de realocações, de deslocamentos, de conquistas disfarçadas, de retornos sistemáticos".[11] Comentando o parágrafo da *Genealogia da moral*, em que Nietzsche substitui o princípio da concorrência interpretativa das potências

---

[4] Sobre esta Escola, conferir Hadot (1975, t. 6, p. 842 (L'école de l'histoire des formes).

[5] P. Ricœur, «Paul apôtre. Proclamation et argumentation. Lectures recentes», *Esprit*, n. 2 (février 2003), p. 85. [A expressão original é «le déminage Bultmann». O termo *déminage* significa "tirar minas", "desarmar minas", de onde nossa preferência pelo termo "desarmamento" – N.T.]. Sobre a obra de R. Bultmann, cf. R. Marlé, *Bultmann et l'interprétation du Nouveau Testament*, Paris, Aubier, «Théologie», 1956 ; A. Malet, *Bultmann et la mort de Dieu*, Paris, Seghers, «Philosophes de tous les temps», 1968.

[6] Cf. o dossiê «L'événement saint Paul : juif, grec, romain, chrétien» (artigos de S. Breton, M. Fœssel, P. Ricœur, J.-C. Monod), n° d'*Esprit* citado na nota precedente. Ver igualmente J. D. Caputo, & L. M. Alcoff (éd.), *St. Paul among the Philosophers*, Indiana UP, 2009.

[7] A. Badiou, *Saint Paul. La fondation de l'universalisme*, Paris, PUF; "Les Essais du Collège International de Philosophie", 1997; sobre a designação da ressurreição como "fábula", cf. p. 5 *et passim* ; cf. igualmente p. 115 : "A ressurreição não passa de uma asserção mitológica".

[8] Cf. M. Foucault, Nietzsche, la génealogie, l'histoire (in *HJH*, 1971, p. 154-158).

[9] Cf. M. Foucault, *Do gouvernement des vivants*, …, aula de 13 de fevereiro de 1980.

[10] *Ibid.*, aula de 26 março de1980.

[11] M. Foucault, Nietzsche, la généalogie, l'histoire, p. 158.

a toda explicação de tipo finalista,[12] Foucault define a história como uma "série de interpretações" que consiste em "se apoderar [ ] de um sistema de regras que não tem em si significação essencial, e [a] lhe impor uma direção, [ ] fazê-lo entrar em um outro jogo".[13] A mensagem cristã original seria portanto desprovida de "significação essencial", e só importaria, para o genealogista, a sucessão dos diferentes "jogos" inseridos no conflito de interpretações. Tal posição constitui, certamente, a negação de toda forma de exegese canônica. Ela não é, todavia, incompatível com os desenvolvimentos mais recentes da exegese histórico-crítica que analisam o nascimento do cristianismo em termos de conflitos de interpretação.[14]

O segundo problema, o da escatologia, está estreitamente ligado ao precedente. Por "escatologia", não entende apenas, conforme o sentido primeiro da palavra,[15] o problema dos fins últimos, porém, mais precisamente, o da espera do fim dos tempos. Como o lembra, por exemplo, D. Weber, em seu livro *Hobbes et l'histoire du salut,*[16] esse tema, muito tempo ligado às especulações milenaristas, encontrou uma significação histórica em torno do último século com a corrente da "escatologia consequente" representada por Johannes Weiss e Albert Schweitzer. A questão não era mais saber *quando* se realizaria o anúncio do Reino de Deus, mas *se e em que sentido* este tinha constituído o centro da pregação de Jesus. Segundo Schweitzer, a escatologia tinha, nessa pregação, um sentido estritamente temporal, "Jesus [tendo] tido consciência de viver a iminência do fim do mundo e de precipitar a vinda por sua atividade profética".[17] A ascensão do cristianismo primitivo, desde então, devia se compreender a partir da tensão fundamental entre essa parúsia próxima, cuja expectativa tinha sido quebrada, e uma parúsia indefinidamente retardada. É em torno dessa ideia do retardo da parúsia que se desenvolveu uma história da gênese da Igreja,

---

[12] Nietzsche, *La Généalogie de la morale,* II, §12.

[13] M. Foucault, Nietzsche, la généalogie, l'histoire, p. 158.

[14] Cf. F.Vouga, *Les premiers pas du christianisme,* Labor et Fides, 1997, p. 20–21, que para o conceito de *Urchristentum,* e para as representações unitárias que ela implica, opõe o de *frühen Christentümer* (os cristianismos primitivos) ; cf. igualmente p. 244 sobre a unidade do cristianismo como "lugar do conflito das interpretações".

[15] Este foi citado, no início do século XIX, por K. G. Bretschneider para designar o que a tradição chamava os *resnovissimae,* tradução do grego τα εσχατα (*ta eschata*), as "coisas últimas" (morte, Juízo final, Inferno, Paraíso). Cf. G. Filoramo, «Eschatologie», A. di Bernardino (dir.), *Dictionnaire encyclopédique du christianisme ancien,* Paris, Cerf, 1990, p.847-852.

[16] D. Weber, *Hobbes et l'histoire du salut,* Presses de l'Université Paris-Sorbonne, 2008, p.189.

[17] *Ibid.,* nota 333. Cf. A. Schweitzer, *Von Reimarus zu Wrede: eine Geschichte der Leben-Jesu-Forschung,* Tübingen, J. C. B. Mohr, 1906; trad. anglaise: *The Quest of the Historical Jesus,* Londres, A. et Ch. Black, 1911.

analisada em termos de transformação da "comunidade escatológica" primitiva em "instituição de salvação". A organização do culto sacramental, notadamente, com a oposição entre padres e leigos que daí decorre, não é realmente inteligível senão no quadro dessa nova economia da salvação, ligada ao adiamento do cumprimento das promessas.[18]

É muito notável que Foucault, na longa análise que ele consagra, em 1980, à evolução da teologia e das liturgias batismais ao longo dos dois primeiros séculos,[19] não evoca em nenhum momento essa dimensão escatológica, mesmo a propósito de um autor tão central a seus olhos como Tertuliano, cuja obra é testemunha desse momento em que, como o escreve Blumenberg, "a comunidade não mais implorou a vinda próxima do Senhor, mas se pôs a rezar *pro mora finis* [para o retardamento do fim] e é dirigida a uma gestão estável da 'ausência' valorizada sempre mais por ela mesma".[20] O que interessa Foucault não é a escatologia como princípio estruturante da consciência cristã e princípio motor da institucionalização eclesial, mas a distância crescente, a partir de Tertuliano, entre salvação e perfeição – o cristianismo, "religião da salvação na não perfeição"[21] – e os efeitos de veridicção que resultam na prática penitencial.

Do mesmo modo, se ele liga claramente, em seu curso de 1978, a "institucionalização da pastoral" a "uma teoria e prática do poder sacramental dos padres", vê aí um "fenômeno relativamente tardio, como aparição do dimorfismo entre clérigos e leigos", "o *presbyteros* ou o bispo ou o pastor

---

[18] Para uma abordagem menos histórica que filosófico-exegética da questão, R. Bultmann, *Histoire et eschatologie*, trad. fr. par R. Brandt, Delachaux & Niestlé, «Foi vivante», 1969, ch. 4 et 5 («le problème de l'eschatologie»); «Les changements de la compréhension de soi de l'Eglise dans l'histoire du christianisme primitif» (1955), in A. Malet, *Bultmann et la mort de Dieu*, *op.cit.*, p. 146-147. Ver igualmente, por ocasião de sua discussão das teses de Bultmann, H. Blumenberg, *La légitimité des Temps modernes*, trad. fr. de M. Sagnol, J.L. Schlegel et D. Trierweiler, Paris, Gallimard, «Bibliothèque de Philosophie», 1999, p. 54-55.

[19] M. Foucault, *Du gouvernement des vivants*, aulas de 6, 13 e 20 de fevereiro. À diferença de sua análise das práticas da penitência e da direção da consciência este aspecto da pesquisa foucaultiana sobre o cristianismo permanece muito pouco conhecido, já que não é evocado no resumo do curso nem na segunda conferência de Dartmouth, "About the Beginning of the Hermeneutics of the Self" (1980), *Political Theory* 21/2 (mai 1993), p. 210-223, que retoma desenvolvimentos integrais desse último.

[20] H. Blumenberg, «Histoire et eschatologie. Une recension d'un ouvrage de Bultmann» (1959), trad. fr. par J.-C. Monod, *Archives de philosophie*, t. 67 (février 2004), p.302 ; cf. igualmente *La légitimité des Temps modernes*, *op.cit.*, p. 54 nota 1. A expressão *pro mora finis* se encontra em Tertuliano, *Apologeticum*, XXXIX, 2.

[21] M. Foucault, *Du gouvernement des vivants*. Aula de 19 de março de 1980. A mesma observação pode ser feita a propósito de sua análise do *Pastor*, de Hermas (Aula de 27 de fevereiro de 1980), onde se lê muito explicitamente, após uma breve apresentação do livro de B Poschmann, *Paenitentia secunda* (1940), a colocação à distância da problemática escatológica (relação entre a penitência pós-batismal e a espera da parusía de Cristo).

das primeiras comunidades cristãs não [tendo] de nenhum modo um poder sacramentário".[22] Mas sobre as razões que conduziram à instituição de tal poder, e da ascensão precoce do sacramentalismo, desde o século II, correlativo da ausência da parúsia ("é no culto sacramental, escreve Bultmann, que o acontecimento escatológico ocorre"[23]), não diz nenhuma palavra.

Esse silêncio se explica, sem dúvida, pela delimitação do plano de análise escolhido (os atos de veridicção no primeiro caso, as relações de poder pastorais no segundo) e veremos a seguir, com efeito, que ele não se detém a razões de princípio. Desse ponto de vista, a elisão da escatologia não é da mesma ordem que a do acontecimento fundador. Mas convém assinalar, desde o presente, uma exceção a esse silêncio. No curso *Securité, territoire, population*, Foucault aborda uma vez, muito diretamente, a questão da "crença escatológica" no quadro de sua análise das lutas antipastorais. Crença, diz ele, que pode tomar duas formas: a que consiste primeiramente na afirmação, "os tempos [sendo] cumpridos [...], Deus vai voltar [...] para reunir seu rebanho" e dar, desse modo, "dispensa aos pastores"[24] (pode-se reconhecer aí, por exemplo, a concepção taborita do Milênio, tal como expôs Norman Cohn em *Les fanatiques de l'Apocalypse*[25]); em seguida, a que corresponde à corrente de inspiração joaquimita, declinando as "três eras" da história do mundo segundo o esquema trinitário, e anunciando, após a era do Pai (Antigo Testamento) e a era do Filho (inaugurada pela encarnação), a era do Espírito Santo do qual "cada um dos fiéis terá em si mesmo uma parcela, um fragmento, uma centelha",[26] de tal sorte que não haverá mais necessidade de pastores.[27] Essa referência à escatologia, todavia, lembra duas observações. Em primeiro lugar, os exemplos dados,

---

[22] M. Foucault, *Securité, territoire, population*. Aula de 1º de março de 1978, p. 206. Ver A. Michel, «Sacrements», *Dictionnaire de théologie catholique*, t. XIV, 1939, que constitui uma das fontes de Foucault.

[23] R. Bultmann, *Histoire et eschatologie, op.cit.*, p.73. Cf. igualmente, em uma perspectiva interpretativa diferente, P. Lampe, "Early Patristic Eschatology," W. Manson *et al*, ed. *Eschatology*. Edinburgh & London: Oliver & Boyd, 1953, citado por G. Filoramo, *art. cit.*, p. 850: "[No batismo] os fiéis recebem a garantia da herança prometida; eles obtêm o carimbo para a redenção final da alma e do corpo no momento da parusía".

[24] M. Foucault, *Securité, territoire, population*. Aula de 1º de março de 1978, p.217.

[25] N. Cohn, *Les fanatiques de l'Apocalypse*, trad. de l'anglais par S. Clémendot, Paris, Julliard, Dossiers des "Lettres Nouvelles", 1962, p.220 : convencidos de viver "a consumação dos tempos", os Taboritas chamam ao massacre todos os pecadores a fim de purificar a Terra. Deus, então, tomará o poder real no lugar do imperador e governará durante todo o reino milenar que deverá se acabar com o Juízo Final. "Nesse reinado, nenhuma necessidade de sacramentos para assegurar sua salvação; a vaidade do saber livresco do clero explodirá". Sobre os Taboritas, cf. minha nota 11, p.222, em *Securité, territoire, population*.

[26] M. Foucault, *Securité, territoire, population*. Aula de 1º de março de 1978, p.218.

[27] Sobre esta referência de Foucault a Joaquim de Fiore, cf. o comentário de Ph. Chevalier, «Gouvernementalité et apocalyptique», In: *Foucault et le christianisme*. Lyon, ENS Lyon, 2011. p. 80-85.

muito próximos um do outro a ponto que o primeiro, de fato, pode aparecer como variante do segundo,[28] mostram que Foucault não estabelece distinção entre escatológico e apocalíptico, conforme uso da primeira palavra por Norman Cohn, que constitui aqui a fonte principal,[29] como mostrei na edição do curso. "Escatologia" se diz então de todo pensamento de tipo chiliástico (isto é, predizendo o advento de um Milênio durante o qual a humanidade purificada gozaria de uma vida perfeitamente feliz), segundo o modelo apocalíptico herdado da tradição judaica. Nenhuma distinção, em segundo lugar, da qual decorre a caracterização da escatologia em termos da contestação radical da ordem social, política, mas também religiosa, instituída. Os exemplos de contracultura citados por Foucault relevam do que Cohn chama "a escatologia revolucionária".[30] Por isso ele conclui daí, muito logicamente, que "o cristianismo, em sua organização pastoral real, [...] certamente, não é uma religião da escatologia".[31]

Passo rapidamente enfim pelo *terceiro problema*, o das *relações entre os poderes espiritual e temporal*, cuja colocação entre parênteses não resulta nem de uma decisão teórica, nem de uma escolha semântica, mas de uma opção metodológica. Foucault, com efeito, coloca repetidas vezes a questão dessas relações, mas sem responder ele mesmo, ela excede os limites de sua análise. Assim ele nota, em seu curso de 1978, a propósito da pastoral, que "seria preciso falar de [sua] confusão com o governo civil e o poder político".[32] E mais acima, evocando já esse "entrecruzamento do poder pastoral e do poder político",[33] ele sublinha, confessando-se incapaz de explicá-lo,[34] a heterogeneidade desses modos de governo, no qual ele vê "um traço absolutamente característico do Ocidente cristão".[35] A analítica da pastoral, como técnica governamental radicalmente distinta da potência soberana, visa então a um nível mais essencial que aquele da articulação das duas espadas, espiritual e material, ou figuras possíveis do teológico–político.

---

[28] Cf. N. Cohn, *op. cit.*, p. 220, para quem o Milênio dos Taboritas "devia ser ao mesmo tempo a Terceira e a Última Era anunciada pelos profetas pseudo-Joaquimitas". A questão permanece aberta, certamente, de saber se é (entre outros) nos Taboritas que pensava Foucault no primeiro exemplo, dos quais ele fala mais acima na mesma aula.

[29] Mesmo se for verossímil, como sugeriu Ph. Chevalier, que conhecia igualmente o livro de Leszek Kolakowski, *Chrétiens sans église. La conscience religieuse et le lien confessionnel au XVIIe siècle*, Gallimard, «Bibliothèque de Philosophie», 1969. Mas este trata de um período ulterior àquele ao qual remete a análise dos movimentos de contraconduta mencionados por Foucault na aula de 1º de março de 1978.

[30] Daí, a forte conotação escatológica das reportagens de Foucault sobre a insurreição iraniana

[31] M. Foucault, *Sécurité, territoire, population*. Aula de 1º de março de 1978, p. 218.

[32] *Ibid.*, Aula de 1º de março de 1978, p. 206.

[33] *Ibid.*, Aula de 15 de fevereiro de 1978, p. 158.

[34] *Ibid.*: "a razão mesmo desta distinção é um grande problema de história; para mim ao menos, um enigma".

[35] *Ibid.*

Estudar esse tipo de combinação supõe, primeiro, colocar em evidência a especificidade dos poderes concernidos e evitar, por consequência, pensar o primeiro (pastoral) sobre o modelo do segundo (imperial); o tema das duas espadas tanto quanto o esquema teológico-político envolvem uma representação da *oikonomia psuchon* como poder altamente institucionalizado, de espírito absolutista, engajado em uma espécie de concorrência mimética com o modelo imperial. A esse título, antes de servir à genealogia da governamentalidade moderna, a analítica do poder pastoral ressalta uma arqueologia (ao mesmo tempo que ela serve para desconstruir) da ideia mesmo de teologia política.[36]

II.

Essas diversas limitações do campo da análise foucaultiana podem dar origem a certo número de objeções de ordem histórica ou doutrinal.

Não é nessa via, entretanto, que eu desejo percorrer. Meu propósito não é "corrigir" Foucault, mas fazer aparecer a tensão entre certas premissas de sua análise e os desenvolvimentos efetivos desta, de modo a mostrar não qual direção teria tomado seu trabalho sobre o cristianismo se ele o tivesse continuado,[37] mas como se pode, entre as outras leituras possíveis, explorar os espaços abertos por sua pesquisa, ao risco de se encontrar entretido muito longe das "palavras-chave" às quais ela é geralmente resumida. Forma de "uso" na infidelidade que me parece muito fiel ao elogio foucaultiano da curiosidade como convite a "pensar de outro modo".[38]

Retornemos, primeiramente, ao *problema da escatologia*, que Foucault, como visto, excluiu da análise da pastoral e deslocou inteiramente para o lado das formas de resistência a esta última. Esse gesto explica sem dúvida, em parte, porque (como o observou friamente Ph. Büttgen[39]) ele se recusa, no curso de 1978, a empregar o vocabulário da secularização. A ideia de

[36] Que Foucault não recusa, em si, esta ideia é confirmada por suas referências elogiosas a Ernst Kantorowicz. Cf. *Surveiller et punir*, Paris, Gallimard, "Bibliothèque des Histoires", 1975, p. 33, mas também no curso de 1971-1972, "Théories et institutions pénales", 5ª aula, a propósito da repressão da revolta "nu-pieds" que acendeu a Normandia em 1639: "se é verdade que a teoria e a teologia política da Idade Média admitiram que dois corpos estavam reunidos na pessoa do Rei (o corpo físico e o corpo político), talvez seja preciso admitir que essas pessoas que vinham à Normandia carregadas de prerrogativas quase reais constituíam para eles todos o corpo visível do Estado" (manuscrito, p. 7 ; transcrição de E. Basso, que agradeço A. Fontana me ter comunicado).

[37] Como pretendeu em *Le Courage de la vérité*,..., p. 290: "Tentei talvez perseguir essa história das artes de viver, da filosofia como forma de vida, do ascetismo em relação à verdade, depois a filosofia antiga, no cristianismo".

[38] Cf. M. Foucault, *L'Usage des plaisirs*, Paris, Gallimard, «Bibliothèque des Histoires», 1984, p. 14-15.

[39] Ph. Büttgen, "Théologie politique et pouvoir pastoral", *Annales*, 62ème année- n. 5 (sept.-oct. 2007), p. 1137-1138.

secularização, com efeito, concebida como transferência,[40] pressupõe a representação cristã da história como história da salvação, *Heilsgeschichte*[41] e, por consequência, a definição escatológica da Igreja como instituição de salvação. Ora, a salvação, para Foucault, longe de constituir a teologia imanente ao processo de desenvolvimento da Igreja, não é senão o pretexto pelo qual o cristianismo justificou a pretensão de governar o conjunto dos homens em sua vida mais cotidiana.[42]

Não poderia portanto, a esse título, servir de princípio interpretativo da história cristã. Essa desqualificação da história da salvação como perspectiva hermenêutica representa, segundo Giorgio Agamben, o ponto cego da análise foucaultiana da pastoral. Sublinhando, com efeito, "a ausência de toda referência à noção de providência [ou seja, da *gubernatio* divina do mundo, distinta do reino divino] no curso de 1977-1978", ele afirma que sua consideração teria permitido a Foucault melhor explicar por que ele não fez "a passagem da pastoral eclesiástica ao governo político".[43] E, certamente, é a uma explicação em termos de secularização que se encontra assim reconduzido.[44]

Tal leitura "teológico-político" não me parece nada defensável, e é sob um ângulo muito diferente que convém, creio, reexaminar a questão da escatologia em Foucault. Em sua interpretação em termos de contra-conduta, Philippe Chevalier, em seu livro, opôs justamente "a saliência do milenarismo sobre o cristianismo", do cânon das Escrituras às práticas missionárias dos séculos XVI e XVII e às evoluções mais recentes da teologia católica e protestante, a fim de colocar em evidência "o papel determinante que representou nos gestos rituais os atos militantes [da] comunidade [cristã]".[45] Parece-me que o texto mesmo de Foucault, de certo ponto de vista, convida a inscrever assim a escatologia na dinâmica do desenvolvimento eclesial, a partir não de sua análise do cristianismo,

---

[40] Cf. J.-C. Monod, *La querelle de la sécularisation. Théologies politiques et philosophies de l'histoire de Hegel à Blumenberg*, Paris, Vrin, «Problèmes & Controverses», 2002.

[41] Cf. O título do alemão, *Weltgeschichte und Heilsgeschehen*, da célebre obra de K. Löwith, *Histoire et salut*, trad. fr. M.-C. Challiol-Gillet et al.; apresentação de J.-F. Kervégan, Paris, Gallimard, "Bibliothèque de Philosophie", 2002, na qual H. Blumenberg vê a expressão mais sistemática do "teorema da secularização" (*op.cit.*, p. 36).

[42] Cf. M. Foucault, *Sécurité, territoire, population*. Aula de 15 de fevereiro de 1978, p.151. A palavra "pretexto" é repetida duas vezes nesta página.

[43] G. Agamben, *Le Règne et la Gloire, Homo sacer, II, 2*, Paris, Seuil, "L'ordre philosophique", 2008, p.177.

[44] *Ibid.*: "A passagem da pastoral eclesiástica ao governo político [...] torna-se claramente mais compreensível se se encara como uma secularização [...] de todas essas elaborações através das quais os teóricos da providência tinham tentado tornar inteligível o governo divino do mundo".

[45] Ph. Chevalier, *op.cit.*, p. 84.

mas daquela da governamentalidade. É aí que se designa, como em cruz, uma figura positiva da escatologia. Foucault descreve efetivamente a nova temporalidade política aberta pela razão do Estado, em seu curso de 1978, como a negação da visão teológica que "comand[ava] as perspectivas religiosas e históricas da Idade Média".[46] De um lado, o tempo indefinido da governamentalidade, sem origem nem termo, ligado à existência de uma pluralidade de Estados em concorrência uns com os outros; de outro, o sonho de um Império, remetendo enfim a humanidade à unidade e que "seria o teatro sobre o qual se produziria o retorno do Cristo".[47]

A ideia da razão de Estado (no sentido da racionalidade própria da era do Estado Moderno) não marca tanto uma ruptura com uma normatividade ético-religiosa a não ser com uma temporalidade eclesiástico-imperial, guiada pela perspectiva escatológica da salvação. "O Estado [...], escreve Foucault, não [tem] que se preocupar com a salvação dos indivíduos":[48] isso não significa somente que o Estado, em razão do processo de *Verweltlichung*,[49] não está mais subordinado à perseguição de fins espirituais, porém, mais fundamentalmente que sua ação se exerce em um tempo liberado de categorias da história da salvação. O acento colocado por Foucault sobre essa ruptura faz ressaltar, por contraste, a importância da escatologia própria medieval. A figura do imperador dos últimos dias não vem de um imaginário fantástico e marginal ou de uma pura ficção teológica própria de propaganda.

Ela se enraíza, como já tinha bem notado Kampers,[50] na consciência messiânica da sociedade cristã. Através dela, é bem à representação escatológica do Império como "teofania de Deus no mundo"[51] que visa Foucault. Longe de ter servido de único fermento às revoltas de conduta antipastorais, a escatologia, se o vê, constitui então, na Idade Média, o eixo maior do pensamento político-eclesiológico.

Como conciliar essas afirmações, aparentemente contraditórias, formuladas no mesmo curso: a, de uma parte, segundo a qual "o cristianismo, em sua organização pastoral real, não é uma religião da escatologia", e aquela, de outra parte, segundo a qual a Igreja, até o século XVI se pensou, conjuntamente (ou concorrentemente) com o Império, na perspectiva de

---

[46] M. Foucault, *Sécurité, territoire, population*. Aula de 15 de março de 1978, p. 266.

[47] *Ibid.*

[48] *Ibid.*, p. 265.

[49] Isto é, de secularização, no sentido de emancipação em relação à esfera religiosa, e não de secularização-transferência.

[50] F. Kampers, *Die deutsche Kaiseridee in Prophetie und Sage*, Munich, H. Lüneburg, 1896, p. 5: "Der Messiasglaube der Völker ist der ureigenste Boden der deutsche Kaisersage".

[51] M. Foucault, *Naissance de la biopolitique*, Paris, Gallimard-Le Seuil, «Hautes Études», 2004. Aula de 10 janvier 1979, p. 7.

um "reinado da escatologia"?[52] Mais que concluir a incoerência, pode-se, parece-me, tentar resolver o problema por meio de uma distinção conceitual. "Escatologia", com efeito, não tem manifestamente o mesmo sentido de uma e outra proposição. O primeiro uso, como foi visto, reporta-se às promessas milenaristas de uma nova era de ouro terrestre; o segundo, na ascensão do universalismo cristão, no seio de uma economia de salvação voltada para o advento do reino celeste. Sem dúvida, tal ambivalência não reflete o antagonismo interno no pensamento cristão, e conviria mostrar como essas duas acepções se entremeiam no curso dos séculos. Mas é permitido distingui-las, pela busca de clarificação, qualificando a primeira de apocalíptica e reservando a palavra "escatologia" à segunda. Essa distinção, desde então, permite pensar a organização progressiva da Igreja em instituição de salvação – esse fenômeno sem exemplo, diz Foucault, na história das civilizações[53] – em termos de tensão entre o apocalíptico e o escatológico, ou, para o dizer de modo mais explícito, da escatologia antiapocalíptica. Se "a história da cristandade, até o meio do século XVI", como escreve R. Koselleck, "foi uma espera permanente do fim dos Tempos",[54] é segundo modalidades muito diferentes da parte da Igreja romana, de um lado, e diversas correntes que a colocam em causa, do outro, em nome de esperanças apocalípticas. A tese de Foucault, negando o caráter escatológico da instituição pastoral, opõe-se assim à de Koselleck, para quem "A Igreja em si é escatológica".[55] Mas essa negação ajuda a suplantar a contradição aparente da análise foucaultiana, apresentando o *eschaton* como "fator de integração da Igreja", face às potências desintegradoras dos profetas de tipo apocalíptico: "A Igreja organizava este fim do mundo que não chegava, de maneira a poder se estabilizar ela mesma sob a ameaça de um fim do mundo possível e na esperança da parúsia. [...] Mas no instante em que as representações do Apocalipse [...] podem ser aplicadas aos acontecimentos ou a instâncias concretas, a escatologia torna-se um fator de desintegração. O fim do mundo não é portanto

---

[52] M. Foucault, *Sécurité, territoire, population*. Aula de 5 de abril de 1978, p. 363: "A nova historicidade da razão de Estado excluía o Império dos últimos tempos, excluía o reino da escatologia". Cf. igualmente a aula de 22 de março de 1978, p. 307, na qual Foucault, a esta "espécie de escatologia absoluta", opõe a "escatologia relativa, precária e frágil", ou seja, a paz, à qual se ordena o sistema do balanço europeu no século XVII.

[53] *Ibid.*, Aula de 15 de fevereiro de 1978, p. 151-152: "Creio que se forma assim com essa institucionalização de uma religião como Igreja, [...] um dispositivo de poder que não se encontra em nenhuma outra parte".

[54] R. Koselleck, *Le futur passé. Contribution à la sémantique des temps historiques*, Paris, Editions de l'EHESS, p. 21.

[55] *Ibid.*, p. 23.

um fator de integração a não ser na medida em que ele permanece não determinável no plano histórico-político".[56]

Passo agora a um dos problemas evocados anteriormente – aquele da origem – e que examinarei sob o ângulo do que proponho chamar como a "ausência" de Cristo. Com efeito, esta é a figura ausente da paisagem cristã esboçada por Foucault. Provavelmente, ele a nomeia diversas vezes, mas sempre como referente, ideal ou simbólico, de um discurso *formando* o objeto real de sua análise (quer se trate, por exemplo, da imagem do pastor,[57] quer da significação do batismo de Cristo na teologia batismal de Tertuliano[58]). Nem o personagem histórico de Jesus, nem a representação messiânica que dela oferece o Novo Testamento encontram lugar na sua leitura do Cristianismo. A referência do discurso cristão a Cristo, nessa ótica, parece representativa desse fenômeno descrito por Foucault em 1978, do qual Maquiavel e Marx serviam então de exemplo: "Não é por ele que isso ocorre, mas é através dele que isso se diz".[59] Da mesma maneira que poderíamos explicar a gênese da arte de governar segundo a razão de Estado sem passar por Maquiavel, também uma história do cristianismo seria possível sem remontar à pessoa de Cristo. Essa posição resulta naturalmente da recusa em reconduzir um processo histórico à unidade de um sentido original que seria somente a realização progressiva (ou, pelo contrário, o desvio sistemático). Nesses termos, ela se opõe a toda investigação do Jesus histórico[60] ao procurar retraçar o caminho pelo qual foi constituída, a partir dele, a mensagem cristã. Igualmente ela se justifica pela escolha do domínio de análise: a institucionalização do pastorado, em 1978, e não as fontes teológicas da figura do Cristo-pastor; as práticas cristãs de veridicção, em 1980, e não o vínculo da tradição à pregação primitiva. Opção, neste último caso, claramente teorizada por Foucault, mediante a distinção de dois regimes cristãos de verdade, aquele da fé, do qual ele não vai se ocupar, e aquele do *aveu* ("confissão"), o único que lhe interessa aqui,[61] mesmo se, como enfatiza, um e outro não cessaram

---

[56] *Ibid.*

[57] M. Foucault, *Sécurité, territoire, population*. Aula de 15 de fevereiro de 1978, p. 156 : "O primeiro pastor é, obviamente, Cristo. A epístola aos hebreus já dizia: 'Deus trouxe de entre os mortos o maior pastor de ovelhas, Nosso Senhor Jesus Cristo' (13, 20)".

[58] M. Foucault, *Du gouvernement des vivants*. Aula de 13 de fevereiro de 1980.

[59] M. Foucault, *Sécurité, territoire, population*. Aula de 8 de março de 1978, p. 248-249.

[60] Cf. O título inglês da tradução da célebre obra de A. Schweitzer, *Geschichte der Leben-Jesu-Forschung* (Tübingen, 1906) que marcou o fim da primeira onda de pesquisas, desde Reimarus, sobre o Jesus da história: *The Quest for Historical Jesus* (Londres, 1911).

[61] M. Foucault, *Du gouvernement des vivants*. Aula de 30 de janeiro de 1980; cf. Igualmente "About the Beginning of the Hermeneutics of the Self", *loc. cit.*, p. 211.

de entrecruzar-se ao longo da história do cristianismo. No vocabulário da exegese histórica, podemos dizer que das duas grandes formas de expressão do cristianismo primitivo, o *kerigma* (a proclamação da fé) e a *Didaqué* (o ensinamento moral),[62] Foucault conserva somente a segunda. Portanto, não é um acaso se seu exame do dizer-verdadeiro cristão começa com o próprio texto do mesmo nome, *A doutrina [Didaqué] dos doze apóstolos.*[63]

Por que, então, falar da "ausência" de Cristo na sua interpretação do cristianismo? De um lado, por antonímia à parúsia, à "presença" de Cristo, sob suas diferentes formas escatológicas ("já aí" ou "ainda não"), a qual vimos que Foucault a deixava à margem em suas análises. Mas essa palavra reconduz igualmente à passagem da *Carta aos Filipenses* (é a única ocorrência no Novo Testamento) que cita Derrida em *Dar a morte*: "Assim, meus queridos, como haveis sempre me obedecido, trabalhai em vossa salvação com temor e tremor, não somente em minha presença [parúsia], mas muito mais agora que não está aí [em minha ausência, *apousia*]".[64] Trata-se do adeus de Paulo, então aprisionado, à pequena comunidade cristã de Filipos, assim comentada por Derrida: "Se Paulo diz 'adeus' e se ausenta [...] ordenando [...] obedecer, é porque Deus mesmo está ausente, escondido e silencioso, separado e secreto – no momento em que é preciso obedecer".[65] Uma leitura foucaultiana seria certamente muito diferente: na ausência do apóstolo, permanece a prescrição da obediência, que se impõe por si mesma no contexto da ausência de Deus. Mas essa ausência, longe de assinalar em direção da absoluta transcendência do "totalmente outro",[66] revela somente a imanência das relações de poder e dos jogos de verdade. Transposta a Cristo, parece-me que essa "ausência" paulatinamente define muito bem o esquema interpretativo de Foucault. Com efeito, recusar a questão da origem não é somente reduzir o cristianismo à sua pura dimensão histórica, evacuando dele qualquer horizonte de transcendência, já que essa história, qualquer que seja a interpretação que demos a ela, começa com Jesus; é escolher analisá-la do ponto de vista da instituição ou, mais exatamente, do processo de institucionalização desse "magnífico

---

[62] A respeito dessa distinção fundamental, cf. Ch.-H. Dodd, *La prédication apostolique et ses dévelopements* (1936), tradução francesa de G. Passelecq, Paris, Seuil, «Livres de vie», 1975, p. 5-6. Entretanto, para Foucault, é em Tertuliano que começa a se esboçar "essa bipolaridade entre fé e discurso sobre si mesmo" (*Du gouvernement des vivants*, aula de 20 de fevereiro).

[63] Cf. M. Foucault, *Du gouvernement des vivants*. Aula de 6 de fevereiro de 1980.

[64] São Paulo, *Carta aos Filipenses,* 2, 12. Cito a tradução proposta por Derrida, *Donner la mort*, Paris, Galilée, 1999, p. 83.

[65] J. Derrida, *ibid.*

[66] J. Derrida, *ibid.*, p. 84.

instrumento de poder" pelo qual Foucault, malgrado sua atitude crítica, não dissimulava sua fascinação.[67] Em outros termos, é considerá-lo uma "força política".[68] Ora, a história da Igreja como estrutura institucional hierarquizada começa verdadeiramente somente nos séculos III e IV. A ausência de Cristo, desde então, não é sua ausência na espera da segunda parúsia; ela é somente o próprio nome da supressão da origem em proveito da única questão que importa para Foucault: a da invenção de uma nova técnica de governo, que fundou a obrigação da obediência por parte dos sujeitos, não no costume, na força ou na lei, mas no apelo a "trabalha[r] em [sua] salvação com temor e tremor".[69] Daí, como lembrei acima, a atenção minuciosa dirigida, no curso de 1980, ao "momento Tertuliano", quando emerge o princípio do temor como modalidade essencial da relação do sujeito consigo mesmo.[70]

Não obstante, permanecer nessa constatação seria desconhecer outro plano, mais tardio, da análise foucaultiana do cristianismo, à luz do conceito de *parresia,* e a inflexão decisiva que ele representa. A partir de 1978, Foucault retoma com insistência a tensão entre mística e disciplina eclesiástica ao longo da história cristã. À interpretação sincrônica pouco satisfatória que dela ele propõe, de um lado, nas suas lições sobre o pastorado em termos de contraconduta (como se a mística fosse somente uma reação à direção pastoral, enquanto ela manifestamente vem de muito longe), de outro, sucede, em 1980, uma perspectiva diacrônica: a mística marcaria, no seio da cultura religiosa ocidental, a recorrência do antigo tema do puro, do sábio, do perfeito, diante de uma economia dogmática da salvação fundada no temor e na obediência.[71] Desse ponto de vista, o cristianismo primitivo, na medida em que "se considerava como uma religião

---

[67] Cf. a resposta de Foucault a Thierry Voeltzel, em 1978, no livro deste último, *Vingt ans et après* (Grasset), p. 156: "[A Igreja] é um magnífico instrumento de poder. Inteiramente tecida de elementos que são imaginários, eróticos, eficazes, corporais, sensuais, etc., é magnífico!" (*apud* In J. R. Carrette (éd.), *Michel Foucault, Religion and Culture*, New York, Routledge, 1999, p. 107; traduzo do inglês).

[68] *Ibid.*: "Historicamente, o que existe é a Igreja. A fé, o que é? A religião é uma força política".

[69] É o que ele chama, em sua conferência "Qu'est-ce que la critique?" (1978), "[a] operação de direção em vista da salvação em uma relação de obediência a qualquer um" (*Bulletin de la Société française de philosophie*, n° 2 (abril-junho de 1990), p. 37).

[70] Cf. M. Foucault, *Du gouvernement des vivants*. Aula do dia 13 de fevereiro de 1980: "O temor, pela primeira vez na história – enfim, o temor sobre si mesmo, o temor sobre quem se é, [...], e nunca o temor do destino, jamais o temor dos decretos dos deuses –, este temor está, creio, ancorado na histórica do cristianismo a partir da passagem do século II para o século III e, evidentemente, terá uma importância absolutamente decisiva em toda a história daquilo que podemos chamar a subjetividade, ou seja, a relação de si para consigo, o exercício de si sobre si e a verdade que o indivíduo pode descobrir no fundo de si mesmo".

[71] Cf. M. Foucault, *Du gouvernement des vivants*. Aula de 13 de fevereiro de 1980.

de perfeitos",[72] inscrevia-se ainda na continuidade da Antiguidade. Algo totalmente diferente ocorre em 1984, com a análise da *parresia* cristã.[73] Apoiando-se, notadamente, no artigo de Heinrich Schlier no *Theologisches Wörterbuch zum Neuen Testament* de Kittel,[74] Foucault sublinha seu valor ambíguo nos autores cristãos dos primeiros séculos. Valor positivo, em primeiro lugar, no duplo sentido da confiança em Deus e, mais classicamente, da coragem diante dos homens; valor negativo, em seguida, com o desenvolvimento do monaquismo e das instituições pastorais, sendo que a *parresia* será doravante percebida como arrogância e presunção.[75] Assim ele vem distinguir dois grandes polos da experiência cristã: um "polo parresiástico [...], pelo qual a relação à verdade é estabelecida na forma de um face a face com Deus, e [...] uma confiança humana que responde à efusão do amor divino"; e "um polo antiparresiástico", "segundo o qual a relação à verdade pode ser estabelecida somente na obediência temerosa e reverencial em relação a Deus, e na forma de uma decifração suspeitosa de si através das tentações e das provações".[76] O primeiro estaria na origem da "grande tradição mística do cristianismo"; o segundo, na origem da tradição ascética e pastoral.

Assim, a relação da mística ao pastorado deixa de ser analisada segundo a figura reativa da contraconduta, ou aquela reiterativa, da perpetuidade de um tema antigo, mas como a expressão de uma polaridade interna ao próprio cristianismo. Três pontos devem então ser sublinhados (o terceiro, veremos, reconduz-nos ao problema da *apousia Christou*).

Primeiramente, é em termos muito remotos da "lógica da estratégia"[77] colocada em prática nos trabalhos anteriores que Foucault descreve aqui a oposição entre as duas concepções cristãs da *parresia*: não mais o estabelecimento das conexões possíveis no pano de fundo de um disparate irredutível, mas a introdução de duas "grandes matrizes [...] da experiência

---

[72] *Ibid.*, aula de 27 de fevereiro. Esta interpretação, muito discutível e apresentada por Foucault sob uma forma hipotética, se refere à *Tauftheorie* (isto é, a teoria segundo a qual, na Igreja primitiva, não havia penitência fora do batismo) exposta nas páginas precedentes.

[73] M. Foucault, *Le Courage de la vérité*, *op.cit.* Aula de 28 de março de 1984, 2ª hora, p. 296-309.

[74] H. Schlier, «Parrhesia, parrhesiazomai», in G. Kittel (dir.), *Theologisches Wörterbuch zum Neuen Testament*, t. 5, Stuttgart, Kohlhammer, 1967, p. 869-884.

[75] Esta acepção negativa não é examinada por Schlier, no seu artigo. Cf. em contrapartida P. Miquel, "Parrhèsia", *Dictionnaire de spiritualité ascétique et mystique*, Chantilly, 1983, vol. 12, nº 76-77, col. 261-266, que distingue claramente o sentido positivo da palavra (confiança em Deus, atitude daquele que fala sem temor e com segurança) em seu uso espiritual e apostólico, e o sentido pejorativo(familiaridade ruim, presunção) que ele recebe na tradição monástica.

[76] M. Foucault, *Le courage de la vérite*, *op.cit.*, p. 307-308.

[77] M. Foucault, *Naissance de la biopolitique.* Aula do dia 17 de janeiro de 1979, p. 44.

Verdade e subjetividade: uma outra história do cristianismo?　87

cristã".[78] Da heterogeneidade do disparate[79] ao paradigma matricial, parece que nos aproximamos aqui, se não da "quimera da origem",[80] pelo menos da ideia de uma estrutura de pensamento inaugural.

Em segundo lugar, ao reatar a tradição mística ao polo parresiástico, Foucault, ao contrário da delimitação adotada nos seus cursos precedentes, introduz a dimensão da fé no quadro de sua análise. A palavra, por duas vezes, é justaposta à *parresia*-confiança.[81] Porém sua distinção não é clara, a fé, *pistis*, fundamentalmente significando nada além dessa confiança. *Fides*, pela qual a *Vulgata* traduz *pistis*, é entendida nesse duplo sentido. Como encontramos na *Carta aos Hebreus* (11, 1), "a fé é um modo de possuir desde agora o que se espera";[82] literalmente: ela é a garantia, a sólida garantia (*hupostasis*) dos bens esperados.[83] E essa mesma garantia que define a *parresia* na passagem da *Primeira Carta de João* (5, 14) citada por Foucault.[84] O polo parresiástico, desse modo, seria aquele de uma fé não contaminada de temor. Com isso, não se trata de sustentar que somente a mística procede da fé para Foucault, mas de constatar que esta, nesta última interpretação do cristianismo, não está mais reduzida somente à adesão a um conteúdo dogmático, envolvendo um engajamento de fidelidade, como ainda era o caso em 1980.[85] Ela se torna o princípio de uma relação positiva a si, na abertura confiante a Deus. Trata-se de um giro carregado de consequências não exploradas por Foucault, na medida em que coloca em questão a univocidade do conceito de obediência na sua análise. Com efeito, qual relação estabelecer entre uma obediência fundada na confiança e a obediência fundada no temor e na suspeita de si mesmo, entre a obediência amorosa e a obediência tremulante, se uma e outra dependem de matrizes de experiências religiosas diferentes? É claro que o conceito geral de "obediência ao outro" (Deus e aqueles que o representam)[86] não

---

[78] M. Foucault, *Le Courage de la vérité, op.cit.*, p.3 07.

[79] Sobre o conceito, cf. M. Foucault, «Nietzsche, la généalogie, l'histoire», *art. cit.* (in *HJH*, 1971, p. 148).

[80] *Ibid.*, p. 19.

[81] M. Foucault, *Le Courage de la vérité, op.cit.*, p. 300 et 303: "Confiança na salvação, na bondade de Deus, confiança também no fato de que Deus pode nos escutar. Temos aí, também, uma série de textos que mostram que o tema da *parresia* vem de encontro ao tema tanto da fé em Deus quanto da confiança em Deus".

[82] *Bíblia,* tradução ecumênica. Loyola, 1994, p. 2361.

[83] Cf. H. Schlier, *art. cit.*, p. 884 [da tradução inglesa] que, reaproximando *Hebreus* 3, 6 e 3, 14, escreve: "*Hupostasis* é o termo formal para *parresia* e o *kauchèma* [a firmeza da esperança"].

[84] M. Foucault, *Le courage de la vérité, op.cit.*, p. 300.

[85] Cf. M. Foucault, *Du gouvernement des vivants.* Aula de 30 janeiro e 6 de fevereiro de 1980.

[86] M. Foucault, *Le Courage de la vérité, op.cit.*, p. 293.

permite selar sua unidade. Portanto, é todo o problema, mal entrevisto por Foucault, daquilo que São Paulo chama a "obediência da fé" (*upakoè pistéos*)[87] que se encontra aqui posto.

Essa reinserção da experiência matricial da *pistis*, em uma análise que remonta aos textos fundadores, reconduz-nos – e é o terceiro ponto – ao problema da ausência de Cristo. O silêncio de Foucault sobre Jesus, se era explicável até então pelas escolhas de método ou de objeto, torna-se aqui muito mais surpreendente. Com efeito, entre as ocorrências da palavra *parresia* nos escritos neotestamentários, um grande número se encontra no *Evangelho de João* a propósito de Cristo, que aparece portanto como o primeiro parresiasta desse *corpus*. Na sua aula, Foucault segue muito de perto o artigo de Schlier, mas deixa de lado o longo desenvolvimento que este consagra ao uso joânico do termo.[88] Podemos supor, simplesmente, que ele não tinha nenhuma utilidade para seu próprio argumento: mostrar em que os textos neotestamentários inovam em relação aos usos gregos e judaico-helenísticos. Interiorização, antes de tudo, em relação aos primeiros: "atitude de coração", a *parresia* não está mais necessariamente ligada ao discurso e à palavra (mesmo se essa significação permanece); humanização, em seguida, em relação aos segundos: "modo de atividade humana", ela "não aparece nunca como sendo uma modalidade da manifestação divina".[89] Essa apresentação lhe permite sublinhar, de um lado, a novidade da ideia cristã da *parresia*-confiança e de opô-la, de outro, à sua desvalorização ulterior. Portanto, ela está ordenada à ênfase do giro que marca, nos primeiros séculos do cristianismo, o reforço das estruturas de autoridade. Ora, em que consiste a *parresia* de Jesus segundo o *Evangelho de João*? Ela está inscrita no quadro de uma dupla dialética da revelação: dialética do público e do secreto, em primeiro lugar; dialética do aberto e do velado, em segundo lugar. No que diz respeito à primeira, Jesus é ao mesmo tempo aquele que fala abertamente (*parresia*) ao mundo, no sentido de que ensina no templo e nas sinagogas, e não em segredo (*en kruptoi*) (18, 20; cf. igualmente 7, 26), e que se esquiva da exigência da *parresia*, da parte de seus próximos e dos judeus, sobre sua vocação messiânica (10, 24 ; cf. igualmente 7, 4); no que concerne à segunda relação, ele é aquele que se exprime, ora abertamente (*parresia*), ora de modo enigmático (*en paroimiais*, por parábolas) (16, 25 e 29). Dupla dialética, somente inteligível, como insiste Schlier, na perspectiva escatológica da ascensão gloriosa de Cristo.

---

[87] São Paulo, *Carta aos Romanos*, 1, 5.

[88] H. Schlier, *art. cit.*, p. 879-881 (da tradução inglesa).

[89] M. Foucault, *Le courage de la vérité*, *op.cit.*, p. 300.

Compreende-se, pois, que ela não tenha merecido a atenção de Foucault no que concerne à oposição entre *parresia*-confiança/*parresia*-presunção.[90]

Em contrapartida, esse silêncio não deixa de surpreender no que diz respeito ao segundo momento de sua análise, ou seja, o reatamento da tradição mística ao polo parresiástico do cristianismo. Com efeito, se é demasiado curioso ver na *parresia*-confiança, definida como "a certeza que todo cristão pode e deve ter no amor [...] de Deus pelos homens",[91] a fonte dessa única tradição à margem da grande corrente ascética e pastoral, na condição de que ela constitui o próprio fundamento da fé cristã, não teria sido mais pertinente vincular a mística à *parresia* crística do *Evangelho de João*? Este último não é somente o mais "místico" dos quatro Evangelhos; ele também nutriu toda uma literatura mística, de Bernardo de Claraval,[92] cuja influência sobre a *Nonnenmystik* reno-flamenga[93] foi tão importante, a Mestre Eckhart (sua *Expositio in Johannem*) e João da Cruz, que retoma dele a dialética das trevas e da luz. Ora, é precisamente essa literatura que subentende a dupla dialética da *parresia* crística, evocada mais acima.

Há aqui, portanto, ausência de Cristo, e não simples ausência do fato do domínio estudado ou do ângulo de aproximação escolhido: ocultamento que permite não colocar a questão da origem, comum às duas matrizes de experiência religiosa, cuja oposição seria constitutiva do pensamento cristão.

*

Nietzsche, em *Genealogia da moral*, recusa a pesquisa de origem (*Ursprung*), em nome do primado do desenvolvimento (*Entwicklung*), com os deslocamentos, deformações, disfarces que ele traz consigo[94] e que impedem remontar a uma essência ou a um princípio germinal. É dessa estratégia que procede a análise foucaultiana do cristianismo. Longe de buscar extrair dela um foco de sentido original, sua dimensão de *acontecimento* é que

---

[90] Deixo de lado, por falta de espaço, a questão – a ser discutida depois – da relação entre a *parresia* crística do dizer verdadeiro profético tal como a análise de Foucault em *Le Courage de la vérité*, p. 16.

[91] M. Foucault, *Le courage de la vérité*, p. 300.

[92] E. Gilson mostrou muito bem que o "primeiro bloco" escriturário sobre o qual repousava a mística bernardiana consistia na *Primeira Carta de João* (o mesmo texto que cita Foucault, p.300, como exemplo da *parresia*-confiança) e o *Evangelho* atribuído ao mesmo autor (*La théologie mystique de saint Bernard*. 3a. ed. Paris:Vrin, 1969, p. 35-36). Sobre o tema essencial da *fiducia* no julgamento divino, como sinal da presença da caridade na alma, cf. *ibid*., p. 38. Essa referência ao teólogo cisterciense é suficiente para indicar, por outro lado, o quão problemática é a distinção entre as tradições mística e ascética.

[93] Cf. A referência a esta corrente, como exemplo de contraconduta, em *Securité, territoire, population*. Aula de 1º de março de 1978, p. 200.

[94] Cf. Nietzsche, *La Généalogie de la morale*, prefácio, § 6.

interessa especialmente a Foucault: em que aspecto o cristianismo é um acontecimento em relação a outras culturas? Em que pontos se marca a ruptura com a civilização greco-romana? Portanto, acontecimentalização diferencial, e não definição substancial. Além disso, essa investigação daquilo que é "próprio do cristianismo[95] é indissociável do ajuste dos acidentes, desvios, retornos[96] e interpretações que pouco a pouco lhe deram corpo. Centralizada no problema do discurso a respeito de si mesmo[97] ou, mais precisamente, das relações entre sujeito e verdade que são exigidas de si mesmo em vista de sua salvação, ela se aplica assim a realçar os pontos de emergência sucessivos – na teologia batismal de Tertuliano, o movimento da disciplina penitencial, a prática monástica da direção de consciência, etc. – do "princípio de obediência" ao qual se resume a especificidade cristã. Desse modo, ela evidencia um dos eixos maiores da formação do sujeito ocidental e leva a reinterrogar a história do cristianismo sob o ângulo, novo e estimulante, das técnicas de governo dos homens. Entretanto, esta análise encontra seus limites, de um lado, pela supressão da dimensão escatológica da Igreja como instituição de salvação e, de outro, pelo silêncio a respeito da figura escriturária de Jesus. Se, como vimos, a primeira parece ligada a um artifício de exposição, a segunda somente é compreensível a partir da recusa nietzschiana de toda determinação de uma origem essencial.

Todavia, Nietzsche propõe outra aproximação da questão crística, não mais em termos de *Ursprung*, mas de emergência, *Entstehung*.[98] Ao voltar-se, em *O Anticristo*, para "o problema da origem (*Entstehung*) do cristianismo",[99] ele afirma que este último, em seu nascimento, "é a *negação da Igreja*".[100] Ele ainda opõe a escatologia realizada,[101] tal como a encarna Jesus (o Reino dos céus como "estado do coração"[102]) à escatologia futura

---

[95] M. Foucault, "Mal faire, dire vrai. Fonction de l'aveu en justice", 3o. curso: "O que me parece ter sido algo próprio do cristianismo e que, na história da subjetividade ocidental, provoca ruptura, é [...] o conjunto de técnicas postas em funcionamento para extrair a verdade de si mesmo a propósito do pecado".

[96] Cf. M. Foucault, «Nietzsche, la génealogie, l'histoire» op.cit.

[97] Aqui traduzimos *aveu* por "discurso a respeito de si mesmo", já que o termo *confession* normalmente designa a confissão sacramental cristã (N.T.).

[98] Sobre este conceito, cf. *ibid.*, o conjunto do § 4, p.154-158.

[99] Nietzsche, *L'Antéchrist*, trad. J.-C. Hémery, Paris, Gallimard, «Œuvres philosophiques complètes», t.VIII, § 24, p. 181.

[100] Cf., igualmente, *Ibid.*, § 36, p. 196: "[...] é em oposição ao Evangelho que foi edificada a *Igreja*...".

[101] Tomo emprestado este conceito, que não é de Nietzsche, de C. H. Dodd (*Les paraboles du royaume de Dieu*, Paris, Seuil, trad. H. Perret et S. de Bussy, 1977 ; cf. o prefácio de C. F. D. Moule, p. 7-8), mas em um sentido um pouco diferente daquele que ele lhe dá.

[102] Nietzsche, *L'Antéchrist, op.cit.*, trad, § 34, p. 194.

anunciada pela Igreja (O Reino dos céus como promessa no além[103]). O problema da *Entstehung* não é, portanto, reconduzir o cristianismo, no seu desdobramento histórico, à plenitude de uma palavra fundadora, mas, pelo contrário, explicar em que essa história é aquela de uma "incompreensão [um equívoco: *Missverstehn*] progressiva". A interpretação de Nietzsche, neste ponto, encontra aquela de William Wrede, na passagem do século passado e, depois dele, de uma ampla corrente de exegese histórico-crítica, que coloca em questão a representação de Jesus como fundador do cristianismo.[104] É confrontando-se à historiografia procedente dessa interpretação e à questão escatológica que a atravessa que a genealogia foucaultiana do sujeito moderno a partir da história cristã poderia contribuir, de modo inovador, a uma outra história do cristianismo.

---

[103] *Ibid.* Cf. igualmente § 40, p.200-201.

[104] Cf. P.Gisel, "Ernst Käsemann's Quest for the Historical Jesus Revisited in the light of the "Third Quest", in *Sourcing the Quests. The Roots and Branches of the Quest for the Historical Jesus* (Peter De Mey, dir.), Louvain: *Louvain Theological and Pastoral Monographs*, 2004 (texto citado conforme a versão on-line: http://www.kuleuven.be/theometh/peter/): "Jesus is not the founder of Christianity. William Wrede (1859-1906) emphasized this, as did Nietzsche in his *Antichrist*" [há uma tradução francesa em *Études Théologiques & Religieuses*, t. 79, n. 4 (2004), à qual não tive acesso].

Capítulo 6

A prática da direção de consciência em Foucault: da vida filosófica à vida monástica cristã

Cesar Candiotto

Neste texto procuraremos mostrar como Foucault situa a direção de consciência no cristianismo do século IV a partir de suas descontinuidades em relação à direção de consciência no estoicismo imperial dos séculos I e II d.C., principalmente nos cursos *Sécurité, territoire, population* (1978, publicado em 2004), *Du gouvernement des vivants* (1980) e *L'hérmeneutique du sujet* (1982, publicado em 2001).

Ao privilegiar a prática da direção de consciência, advertimos que Foucault não está interessado na doutrina ou teoria do estoicismo ou sua função na instituição do Império romano; muito menos, constituem seus objetos de análise as doutrinas, crenças e representações religiosas do cristianismo. A história da instituição da Igreja e suas peripécias no decurso da história ocidental não fazem parte de sua perspectiva metodológica.

Jamais ele procurou investigar a história *das* instituições ou *a partir* delas, como é constatável em relação ao asilo, à prisão, ao hospital e ao Estado. Sua análise enfatiza as relações de poder e suas técnicas que atravessam essas instituições, perpassam os indivíduos nelas concernidos e proporcionam efeitos de positividade. Positividade aqui no sentido de *produção,* de *fabricação*, de *constituição* de algo como problemático para o pensamento.

Da mesma forma, seu pensamento se afasta de uma delimitação sociológica para a qual bastaria uma abordagem funcionalista das instituições, como seu papel, sua importância num momento histórico preciso, sua missão para o conjunto da sociedade. Por isso, o ponto de inflexão não é conhecer a importância da Igreja cristã no Ocidente, seu lugar ao lado de outras instituições, sua tarefa de humanização ou seus deslizes, seu papel na coerção do comportamento em comparação a outros códigos de conduta.

Foucault realiza um deslocamento das relações de poder de seu procedimento institucional e funcionalista para sua *estratégia* exterior e genealógica. No lugar da história da psiquiatria institucional, estudou as estratégias segregativas em torno do louco cujo silenciamento ininterrupto levou à problematização da loucura como doença mental; em vez da história do sistema penal, analisou as tecnologias disciplinares que operaram na dinâmica das práticas carcerárias e fabricaram a delinquência. Ao contrário de uma história da progressiva humanização na relação com a doença e o doente por parte das instituições médicas, propôs uma analítica do poder médico sobre a vida e seus fluxos em termos de uma biopolítica. Na contramão de uma teorização do poder e sua referência direta às funções e papéis da instituição do Estado, privilegiou a analítica da governamentalidade no sentido de uma racionalidade refletida sobre *como* governar.

Indicados estes deslocamentos estratégicos, é possível compreender a hipótese de Foucault em 1978: "Pode-se falar de algo como uma 'governamentalidade', que seria para o Estado o que as técnicas de segregação eram para a psiquiatria, o que as técnicas de disciplina eram para o sistema penal, o que a biopolítica era para as instituições médicas?" (FOUCAULT, 2004, p. 151). Analogamente, no que concerne ao cristianismo, seria possível deslocar-se da análise institucional e funcionalista da Igreja em direção de sua tecnologia geral de governo?

Ao contornar a história da institucionalização do cristianismo como Igreja a partir dos séculos IV e V, Foucault está preocupado em saber como muitas das práticas de si cristãs correspondem à inauguração no Ocidente de técnicas específicas de governo das almas, que os latinos chamarão de direção de consciência.

A demarcação da direção de consciência

O estudo da direção de consciência cristã e seu contraste com a direção pagã não é um elemento original da investigação de Foucault. Como bem nota Michel Senellart, esse trabalho já havia sido feito por Paul Rabbow, intitulado *Seelenführung, Methodik der Exerzitien in der Antike*, publicado em Munique em 1954.

Rabbow havia comparado a distância entre a pluralidade e a liberdade dos métodos psicagógicos antigos e a unicidade do método dos diretores de consciência cristãos até Inácio de Loyola. Ele também havia sublinhado o caráter racional da espiritualidade grega orientada para o senhorio de si e a autarquia em contraste com o caráter afetivo, reforçado por meios psicológicos e atitudes corporais que objetivavam a vida em Deus, por parte dos exercícios cristãos.

No entanto, Rabbow não deu importância à espiritualidade cristã dos primeiros séculos, como tampouco indicou as etapas sucessivas ou momentos cruciais dessa evolução. De seu estudo, não se sabe quando essa espiritualidade da direção teve início, se o processo foi progressivo ou contínuo ou se, pelo contrário, foi povoado de crises e conflitos. A originalidade da perspectiva de Foucault é clara:

> Não é tanto a descrição das técnicas de direção e de exame de consciência, nem mesmo a constatação, para dizer a verdade, frequentemente realizada, da especificidade cristã nesse domínio [...], mas a atenção concedida ao *momento decisivo* quando, segundo ele, ocorreu a passagem de uma direção de consciência fundada no cuidado de si, em termos de domínio e de liberdade, a uma direção de consciência voltada para a salvação, em termos de obediência e de renúncia de si (SENELLART, 2003, p. 155, grifos nossos).

Esse momento é caracterizado como um processo lento e complexo, permeado de continuidades e descontinuidades, entre a direção filosófica (estoica) e a direção religiosa cristã cujo auge é o final do século IV, com a introdução das *Regulae* de vida no interior do cristianismo.

No que diz respeito às continuidades, se as práticas de si cristãs forem observadas em função de si mesmas, deixando-se de lado suas finalidades e mecanismos de produção de verdade, elas remontam às escolas filosóficas pagãs. Talvez a principal, herdada das escolas estoica e pitagórica, seja mesmo a direção de consciência. Nessa prática de si, encontramos um modo específico de governamentalidade: o governo por parte de outrem como fundamento do governo de si, a importância da figura do mestre da escola filosófica ou do diretor de consciência cristão no processo de constituição do sujeito. Alguém somente é impelido a encontrar uma verdade a respeito de si mesmo a partir de outro que o instigue e o arranque de sua situação atual.

Assim entendida em seu aspecto genérico, a prática da direção de consciência cristã em nada é diferente daquela observável na relação entre mestre e discípulo nas escolas filosóficas antigas, principalmente no estoicismo imperial. Em ambos os casos é recorrente a mesma necessidade de direção e condução de outrem para guiar-se como convém. "Toda pessoa que quiser, na vida, se conduzir como convém, tem necessidade de um diretor" (FOUCAULT, 2001, p. 381). [1]

---

[1] Foucault faz esta afirmação no contexto do estudo do livro de Galeno, publicado em francês com diferentes títulos, entre eles a última edição, *L'âme et ses passions*. Édité par V. Barras, T. Birchler, A.-F. Morand. Paris: Belles Lettres, 1995. No curso de 1982, Foucault nomeia o livro como *Traité de la cure des passions*. Ter um diretor de consciência é necessário no decurso da vida porque, segundo Galeno, é frequente que o amor-próprio e a elevada autoestima sem a direção de outrem nos conduzam ao erro e à ilusão a respeito de nós mesmos. Fundamental é ter um mestre que nos

Contudo, a direção de consciência cristã não nasceu e se desenvolveu contemporaneamente à direção praticada no estoicismo do período imperial. Ainda que os esquemas teóricos platônicos, neoplatônicos e estoicos tenham influenciado a incipiente doutrina cristã desde os primeiros séculos de nossa era, a assimilação da direção de consciência como técnica de vida filosófica à maneira de viver cristã é um acontecimento somente do século IV d. C.

Esse acontecimento está diretamente associado ao surgimento do monaquismo. Movimento singular no interior do cristianismo, o monaquismo introduz a prática da direção de consciência para regrar tanto a vida solitária ou semissolitária no deserto quanto a vida em comum. No primeiro caso, a anacorese – cristãos que ficaram conhecidos como "padres do deserto"; no segundo caso, o cenobitismo – cristãos que desde então vivem em monastérios regidos por regras específicas.

Na aula de 19 de março de 1980, Foucault lembra que a anacorese, praticada tanto no Alto quanto no Baixo Egito, em razão da extrema austeridade de seus adeptos, gerou desconfiança na Igreja. Os padres do deserto associavam a perfeição à salvação: quanto mais jejuns, renúncias, maior a perfeição e maior – supunham – era a garantia de salvação. No decorrer do século III houve muita competitividade entre esses homens para saber quais deles eram mais perfeitos e encontravam-se mais próximos da salvação.

Pensava-se que, se os atos que salvam tornam as pessoas perfeitas, é preciso ser perfeito para salvar-se. Algo similar era defendido pelo gnosticismo do século II, mistura de corrente filosófica e movimento religioso que ao mesmo tempo influenciou e foi combatido pelo cristianismo. Os gnósticos faziam do sábio, da salvação pelo conhecimento, um estado de perfeição irreversível. Essa perfeição era entendida como libertação do elemento divino, presente na alma, de sua contaminação do mundo material.[2] Impossível haver uma recaída após haver sido libertado; se o sujeito

---

ajude para curar-nos de nossas paixões e nossos erros, desde que ele não seja demasiado indulgente ou declaradamente hostil. A necessidade da direção não é ocasional para as situações graves, mas estrutural, para toda a vida. Na sequência, Foucault indica, sem desenvolver, que este mesmo tema encontra-se no cristianismo posterior, a partir de um texto da Bíblia: "aqueles que não são dirigidos 'caem como folhas mortas'" (FOUCAULT, 2001, p. 381), alusão a Is 64, 6. Essa perspectiva da direção cristã ele já havia trabalhado em 19 de março de 1980, no curso *Du gouvernement des vivants*, aula esta que será fundamental em nosso estudo.

[2] Foucault trata do gnosticismo nas aulas de 27 de fevereiro e 26 de março de 1980. Fita-cassete: C 62 (08) e (12). Ele analisa os gnósticos para mostrar como a subjetivação cristã se opõe à presunção da perfeição. Fundamentalmente, essa subjetivação é paradoxal, posto que demanda a produção da verdade de si mesmo pela mortificação e renúncia de si. Contra os gnósticos, o cristianismo pretende ser uma religião da salvação desmembrada da presunção da perfeição. Os gnósticos pensavam que a alma é uma parcela da emanação da divindade no indivíduo, mas ela está aprisionada no mundo da

voltou a pecar é porque ele ainda não fora libertado do aprisionamento do mundo material.

O problema da associação entre perfeição e salvação pelo cristianismo é a produção do egoísmo e do orgulho, faltas tão graves que obstaculizavam a comunhão espiritual e a própria salvação. O desafio consiste na edificação de uma religião de salvação, sem que seja uma religião de pessoas perfeitas. O surgimento do monaquismo no século IV d. C. será um dos elementos operadores da dissociação entre salvação e perfeição.[3]

Os praticantes do monaquismo procuravam se aperfeiçoar mediante uma vivência orientada pela economia da salvação, conscientes de que o sacrifício de Cristo já fora realizado de uma vez por todas e por todos os homens. Depreende-se que o desejo da perfeição somente é viável a partir de uma economia da salvação, e não fora dela. Muito mais do que o desejo de aperfeiçoar-se individualmente, importa a constituição de uma vida em comum marcada pela partilha dos bens, pelo trabalho e pela oração.

Nesse contexto é que a direção de consciência se torna uma prática relevante. Parte-se do pressuposto de que ninguém alcança ser monge ou anacoreta sem ser antes dirigido por um mestre. A partir da instituição do monaquismo, os anacoretas somente poderiam partir ao deserto se antes fossem dirigidos por um mestre e fizessem uma espécie de estágio numa comunidade.

---

matéria, considerado mau. O problema é encontrar, enterrado no coração e aprisionado na matéria, esse elemento de perfeição divina que está no indivíduo. A libertação desse elemento, segundo pensavam, dá-se pelo conhecimento de si mesmo. Conhecer a Deus – ou, pelo menos, a parcela do divino no indivíduo – e conhecer e reconhecer a si mesmo são a mesma coisa. O que se busca no fundo de si próprio é Deus. Se alguém chega a conhecê-lo é porque ele é perfeito e, portanto, já está salvo.

[3] O outro elemento é a instituição da penitência pós-batismal. Além de ajudar a combater o perfeccionismo dos padres do deserto, ela procura afastar a influência do gnosticismo no interior do cristianismo e reintegrar os cristãos relapsos (*lapsi*) que, em razão das perseguições, renunciaram sua fé. Analogamente ao gnosticismo, muitos cristãos até meados do século II pensavam que o batismo representava um estágio tão elevado de purificação, que prescindia da necessidade de uma penitência pós-batismal. A penitência era entendida somente no, com e pelo batismo. Ainda que a afirmação a seguir não possa ser generalizada, até mais ou menos o ano 150 d.C. não era incomum os cristãos se autoconsiderarem quase perfeitos ou puros, incapazes de cair no pecado. Se inexiste recurso à penitência após o batismo, significa que este último proporcionava um acesso à verdade e à luz, impossível de retroceder a um estágio pecaminoso anterior. Em contrapartida, Hermas, no seu *Le pasteur* (escrito entre 140-150), legitimará a instituição da penitência pós-batismal. Ele entende que a penitência não é somente realizada num momento específico da vida como no batismo, mas algo que se estende à vida completa do cristão. A penitência: 1) é uma instituição específica e delimitada; 2) tem uma economia, um ritual, efeitos diferentes do batismo. A partir de Hermas a *metanoia* deixa de ser considerada um ato que perpassa toda a vida do cristão batizado para se tornar algo repetível e diferente do batismo. Com a instituição da penitência, o cristianismo tornou-se uma religião em que o reconhecimento da condição de pecador e o gesto do perdão e da reconciliação passaram a ser um processo muito mais significativo do que a busca pela perfeição e pela pureza e os efeitos de presunção e de orgulho dela resultantes.

No século IV já estão estipulados os princípios fundamentais da direção de consciência monástica: escutar o outro, escutar os movimentos da própria consciência e falar a outrem de si próprio. Esses princípios constituem nossa chave de análise para demonstrar as descontinuidades entre a direção de consciência cristã e a direção praticada no estoicismo.

A direção de consciência estoica

Ao contrário do que ocorrerá nos anos seguintes, quando Foucault enfocará seus cursos na filosofia greco-romana e no classicismo grego, em 1980 a genealogia do governo das almas no cristianismo primitivo é seu canteiro histórico principal.

Nesse ano, não teremos presenças marcantes da filosofia estoica tais como Musônio Rufo, Marco Aurélio e Epiteto. Na verdade, o pensador mais estudado por Foucault será Sêneca (4 a.C.-65 d.C.), em livros como *De Ira* e *De Tranquillitate animi*. Deste último texto, é importante a correspondência entre Sereno e Sêneca, na qual os conselhos deste último (Livros II a XVII) objetivam a fuga dos vícios e a tranquilidade da alma e apresentam características irredutíveis em relação à direção cristã.[4] Nossa intenção neste item jamais será a de esgotar o tema da direção de consciência estoica, mas avaliar suas principais linhas de força problematizadas por Foucault.

A finalidade da obediência

Foucault designa a direção filosófica estoica como o procedimento pelo qual o indivíduo se submete a outro no domínio privado em virtude da livre vontade, conforme considera conveniente e de modo sempre provisório, excluindo qualquer coação jurídica ou política. A obediência é somente uma passagem necessária a fim de que alguém algum dia deixe de obedecer e se torne mestre de si.

Na direção estoica inexiste cessão de soberania ou renúncia da vontade. O discípulo *quer* que o mestre lhe diga o que *deve* fazer. A vontade do mestre é princípio da vontade própria, embora seja o discípulo que queira se submeter à vontade do mestre. Portanto, é deixado de lado o contrato

---

[4] Em 12 de março de 1980, Foucault estuda mais detalhadamente o *De Ira*. Já na conferência dada em Berkeley, em 20 de outubro do mesmo ano, na primeira das *Howison Lectures* cujo título geral é *Subjectivity and Truth*, Foucault prioriza o *De Tranquillitate animi*. Cf. SÊNECA, 1973, p. 205-223. Se nos deslocarmos para o curso *L'hérmeneutique du sujet* (2001), Sêneca também tem uma presença relevante na análise de Foucault, principalmente sua *Carta a Lucílio*. Nesse curso, além dos demais pensadores estoicos, também são estudados textos de Platão, dos epicuristas e breves indicações da literatura da patrística, muitas delas em referência aos cursos de 1978 e 1980.

social pelo qual o representante ocupa o lugar da vontade de alguém, já que não há cessão de vontade. As duas vontades, a do discípulo e a do mestre, permanecem presentes: uma não desaparece em proveito da outra. Elas coexistem, de modo que uma queira totalmente e sempre o que a outra quiser. Assim, a direção de consciência somente se efetiva se o discípulo quiser ser dirigido. O jogo entre liberdades é fundamental, razão pela qual jamais há *codificação* ou *sanção* jurídica, permanecendo somente as *técnicas* de direção.

O objetivo da direção de consciência estoica depende daquilo que *quiser* o discípulo, como a busca da perfeição, a tranquilidade da alma, a ausência de paixões, o domínio de si. Ser governado por outro auxilia provisoriamente na determinação do governo de si almejado pelo discípulo: obedece-se livremente ao que o outro deseja somente quando tal obediência visa ao governo de si, à subjetivação da verdade, ao cuidado de si.

O exame de consciência

O exame de consciência é uma peça essencial, o momento fundamental da direção estoica. O mestre não pode governar se o discípulo não examinar a consciência. A articulação entre vontade do mestre e vontade do discípulo, a necessidade de que a vontade do segundo assimile adequadamente a vontade do primeiro e queira livremente aquilo que ele quiser, constitui o centro da prática do exame de consciência.

A consciência pode ser examinada de dois modos: pela própria natureza e pelos instrumentos utilizados. Pela natureza, alguém examina suas ações passadas ou aquelas que ele poderá ou deverá realizar. O que ele fará, por exemplo, se for exilado? Pelos instrumentos utilizados, ele avalia se fará uso da "concentração", no sentido de atenção imediata e presente de si para si; da "memória", que consiste em saber tudo o que se fez, disse ou foi pensado durante o dia; da "verbalização explícita", como a confissão de si mesmo a outro; ou, ainda, da "escritura", que age como processo de subjetivação tanto para quem escreve como para quem lê.

Provavelmente, o exame de consciência não tenha sido inaugurado pelo estoicismo greco-romano, mas pelos pitagóricos. Nessa escola, trata-se de um exame retrospectivo e regular (todas as noites); concerne às ações (não sentimentos ou estados da alma); tem por fim determinar entre as boas e as más ações. O exame estoico era uma espécie de preparação purificadora do sono: pelo sono, a alma abria-se à purificação espiritual; a qualidade do sono indicava um estado de pureza da alma. Ao preparar o sono, o indivíduo se preparava para a morte.

Esse exame também tinha uma forma judiciária, conforme indica Sêneca no *De Ira*. A consciência se torna uma espécie de tribunal em que o sujeito é, ao mesmo tempo, o juiz e o acusado. Ao contrário do direito romano e do cristianismo, em Sêneca não há acusador. O exame é antes situado ao nível de um processo administrativo de controle e veridicção do que propriamente um processo judiciário de acusação. Examinar a consciência significa administrar e inspecionar a si mesmo (FOUCAULT, 1997, p. 98-99). Aquele que se autoadministra almeja que tudo se realize corretamente de acordo com as regras que ele se propõe, e nunca em virtude de obediência à lei externa. O erro é definido em razão do fim estabelecido pelo indivíduo, e não em função de uma lei moral. Não se trata de uma decifração da falta, mas da busca de um esquema operatório para a vida, uma espécie de programação das condutas futuras. Reprovações autoimpostas não estão relacionadas às faltas reais, mas ao seu insucesso; erros cometidos concernem a estratégias de gestão mal executadas, e não a pecados morais. Em vez de explorar sua culpabilidade, o discípulo tenta averiguar o ajuste entre aquilo que fez e o que ele pretendeu fazer, de modo a poder reativar regras de comportamento.

Estamos diante de um exame retrospectivo, mas fundamentalmente voltado para o futuro. Para o futuro do pretérito, no sentido de examinar qual é o fim que ele se havia proposto e quais ações ele deveria realizar; para o futuro do presente, no sentido de selecionar quais ações deverão ser realizadas. Esse exame, ainda, não está baseado nos atos que necessitariam ser julgados em termos codificados do permitido e do proibido, do bem ou do mal, mas a partir da organização de novos esquemas de conduta mais racionais, mais adaptados e mais seguros.

Esse esquema de conduta racional demanda um exercício (*áskesis*), graças ao qual alguém dele sairá mais forte e melhor preparado para as vicissitudes que poderão se apresentar. Examina-se o que se fez e o que aconteceu somente para descobrir e extrair princípios racionais de conduta. Trata-se de desabrochar esses gérmens de racionalidade que vão fazer em face de qualquer adversidade e permitir ao indivíduo se conduzir como senhor de si. Os princípios de racionalidade são universais e é a conduta racional que permite ao indivíduo ser autocrático em todas as circunstâncias.

O estoico busca no exame de consciência o autodomínio: alguém se examina para poder ser senhor de si, para se guiar por si mesmo e por sua própria razão. Se o sujeito administra sua própria razão, então ele pode adaptar suas próprias ações aos princípios da razão universal que governam o mundo. Trata-se de um exame de si mesmo na condição de um sujeito racional que se propõe fins. As ações são boas ou ruins em função do alcance ou não daqueles fins. Contudo ele jamais poderá alcançá-los se não fizer o uso da razão que ele partilha com todo o mundo.

A verdade sobre si mesmo

Esse aspecto da direção de consciência estoica é melhor trabalhado em *L'herméneutique du sujet* (2001), porquanto o quadro analítico desse curso é justamente a articulação entre sujeito e verdade.

Foucault admite que, de alguma maneira, o discípulo estoico sempre confidencia alguma inquietação, alguma dificuldade ao seu mestre. No entanto, essa verbalização é instrumental, jamais operatória. Discorrer sobre alguma falta denota apenas o progresso que significa para o discípulo a coragem de tal gesto. Nunca se trata de ver na própria verbalização um sentido espiritual. O que se exige do discípulo é que ele se torne um sujeito de verdade, no sentido de que precisa ocupar-se com os discursos verdadeiros. Esses discursos operam como armaduras necessárias para enfrentar os acontecimentos da vida.

A *paraskeué,* como a designam os estoicos, é adquirida pelo indivíduo somente quando ele subjetiva discursos efetivamente enunciados pelo mestre (*lógoi*). Não se trata de axiomas e princípios de verdade em si mesmos, mas de enunciações materialmente pronunciadas e úteis ao sujeito. Bom dirigido, nesse caso, é aquele que conserva frases efetivamente escutadas ou lidas mediante a repetição, a rememoração e a escritura. Para que esses saberes enunciados (*lógoi*) se transformem em armaduras *do* sujeito (*paraskeuê*), é necessário que sejam princípios aceitáveis de comportamento: só então são qualificados de verdadeiros. Os *lógoi* precisam ser discursos persuasivos, porquanto não apenas formam convicções, como também impregnam ações. Eles configuram esquemas indutores de ação: uma vez que habitem o pensamento, o coração e o corpo do sujeito agirão espontaneamente como se falassem em nome dele dizendo o que fazer e fazendo, efetivamente, o que é preciso fazer. Eles estão presentes no sujeito como *matrizes de ação*, e é para adquiri-los que ele opta livremente pela direção. Adquirir tais matrizes de ação constitui o primeiro passo na sequência do qual o sujeito precisa saber como preservá-las de modo a poder utilizá-las em qualquer momento. Elas constituem, assim, socorro indispensável diante dos acontecimentos.

No fundo, é somente no discurso do mestre que se encontra a verdade. Se o discípulo fala, não significa que haja autonomia ou função específica em seu discurso. A palavra que dele é extraída tem como escopo mostrar que somente no discurso do mestre se encontra a verdade.

Daí se deduz que a subjetivação da verdade, que constitui um dos objetivos maiores da direção, depende de que o mestre seja, de fato, um mestre da verdade. E para isso ele precisará desenvolver qualidades imprescindíveis para que tal subjetivação ocorra, sendo a principal delas a de falar francamente, sem rodeios, mesmo diante de eventuais perigos ou ameaças.

Como já sabemos, tratava-se de qualidade muito difícil de ser adquirida nos meios greco-romanos, posto que o mestre, havia muito tempo, deixara de ser o velho sábio detentor da verdade que interpelava os jovens nos estádios e ginásios a se ocuparem de si mesmos.

Na época do estoicismo imperial ele se dedica somente a dar conselhos de condutas; geralmente tem posição social inferior e, portanto, torna-se muito suscetível de falar o que o discípulo quiser ouvir. As condições fundamentais para que a verdade seja transmitida por meio do discurso do mestre são: que ele somente diga aquilo que pense; em seguida, que aquilo que pense seja concorde com aquilo que sinta; e que, além disso, o que sinta seja conforme aquilo que viva. Em termos mais simples, é preciso uma coerência entre o *logos* e o *bios,* entre os discursos considerados verdadeiros e a maneira de viver. Trata-se da atitude da coragem de verdade (*parresia*) um dos principais desdobramentos do cuidado de si nos dois últimos cursos de Foucault no Collège de France, em 1983 e 1984.

São esses três aspectos – a relação de obediência, o exame de consciência e a relação com a verdade – que deixam de ter o mesmo sentido e a mesma ênfase, mais tarde, no século IV, no interior do cristianismo.

A direção de consciência cristã

A direção de consciência e as técnicas de vida filosóficas penetrarão no cristianismo somente a partir do século IV. Ainda que na virada do século II para o século III Clemente de Alexandria, no seu *Le pédagogue*, já falasse do conhecimento de si como condição para o conhecimento de Deus e do tornar-se semelhante a ele, inexiste referência sobre o exame que alguém deve fazer de si mesmo e de seus atos (CLÉMENT D'ALEXANDRIE, 1970). Em Clemente de Alexandria, a preocupação maior não é conhecer a si mesmo, mas conhecer a Deus, aquilo que é divino em si mesmo; ou, ainda, reconhecer a alma ou a parte dela que tem forma ou origem divina.

A direção, que surge no interior das comunidades monásticas no século IV, não coincide com a direção que um indivíduo recebe para observar-se, guiar-se, conduzir-se, preparar-se para as vicissitudes da existência. Agora é preciso escutar o diretor, temê-lo, respeitá-lo. O diretor deixa de ser aquele que guia a conduta do dirigido segundo uma técnica definida e refletida; ele agora se torna o *alter ego* do dirigido, seu representante, seu testemunho diante de Deus.

Um dos escritores que introduzirá os princípios da direção de consciência no cristianismo ocidental é Cassiano (360/365-435).[5] Depois de

---

[5] Em Marselha, Cassiano funda dois conventos, um para mulheres (mais tarde conhecido sob o nome de São Salvador), outro para homens (que se chamará São Vítor). Para responder à solicitação de

observar a vida cenobítica no Alto e no Baixo Egito, Cassiano se desloca para Constantinopla, em seguida para Roma e regressa à França. Consigo traz o modelo de vida monástica oriental para o Ocidente cristão. Em *Institutions cénobitiques* e em *Les Conférences*, encontramos uma coleção de *regras* de vida e como os monges as colocam em prática no governo cotidiano de si e dos outros.

No entender de Foucault, são os melhores livros para compreender as descontinuidades em relação à vida filosófica, já definida nas escolas antigas. Nesses textos é que Foucault identifica como constitutivos da subjetivação cristã o princípio da obediência interminável, o princípio do exame de consciência recorrente e o princípio da verbalização exaustiva sobre si mesmo.

A obediência integral

No cristianismo, a direção de consciência prioriza a relação de obediência. Fundamental é a obediência individual à vontade ou às vontades de Deus. O diretor de consciência é o operador de uma ação conjuntural e individualizante; ele assemelha-se ao médico ao atuar na cura das doenças da alma. Seu modo de agir é sempre individualizado.

A finalidade intermediária da direção de consciência cristã é alcançar o estado de obediência integral, já que sua finalidade última é a salvação. Mais que obedecer a princípios razoáveis de conduta, trata-se de desenvolver a atitude da obediência. Pouco importa o que se obedece – o conteúdo da obediência –, mas obedecer a cada instante da vida cotidiana.

A obediência é perfeita quando o conteúdo a ser obedecido é absurdo, porque nesse caso o indivíduo renuncia completamente sua vontade ao colocar-se inteiramente à disposição da vontade de Deus. Deixa de ser importante se há ou não alguém a obedecer; essa virtude deve ser praticada mesmo que não haja a quem obedecer.

A obediência é integral porque vai muito além da reação a uma ordem específica. Trata-se de um estado de vida mais fundamental que qualquer ordem e que, assim, antecipa a relação com o outro. O indivíduo já deve *ser* obediente antes que o outro ordene algo. Obedece-se para produzir uma *maneira de ser* obediente. A obediência é, ao mesmo tempo, condição e objetivo da direção (Aula de 19 de março de 1980).

Castor, bispo de Apt, que desejava fundar um convento em sua cidade e conhecer o ensinamento que Cassiano havia recebido no deserto do Egito, este último escreveu em latim suas *Institutions cénobitiques* e suas *Conférences* (sobre os padres do deserto), obras que, após terem inspirado São Bento, iriam durante muitos séculos fazer parte das bibliotecas monásticas. Para um apanhado interessante da importância de Cassiano para a espiritualidade ocidental, remetemos ao livro de Soeur Marie-Ancilla. *Saint Jean Cassien. Sa doctrine spirituelle*. Marseille: La Thune, 2002.

Cassiano caracteriza a obediência de três maneiras: 1) submissão: o monge deverá ser submisso em tudo o que fizer em relação à regra de vida, ao superior ou aos acontecimentos; 2) paciência. Primeiro no sentido de passividade, não resistência às ordens: o diretor deverá ser como um artista que manipula a matéria inerte do dirigido. Em seguida, como capacidade de suportar e resistir aos movimentos do seu coração que poderão se opor à ordem. Portanto, paciência como plasticidade e inflexibilidade total. 3) humildade: trata-se de uma relação consigo pela qual o indivíduo se coloca na posição mais inferior possível em relação a qualquer outro, no sentido de ser menor a qualquer um.

Portanto, a obediência é constituída pela submissão, como atitude geral em relação aos outros; pela paciência, como atitude em relação ao mundo exterior; e pela humildade, na relação consigo mesmo. A obediência é inseparável da renúncia de si pela mortificação completa da vontade, de modo que "não haja outra vontade senão a de não ter vontade" (FOUCAULT, 2004, p. 181).

Na direção cristã é inaugurado um modelo de obediência individual, exaustivo, contínuo e permanente. Isso faz dela parte de um processo de individualização que difere da assinalação do lugar hierárquico do sujeito ou da afirmação do domínio de si sobre si; ele é, antes, caracterizado pela rede de servidões de todos em relação a todos, ao mesmo tempo que o ego, o egoísmo como aspecto fundamental do sujeito, é anulado. A direção de consciência cristã é uma técnica de si cujo efeito é a constituição de um indivíduo obediente à vontade de Deus, sendo indispensável para isso a renúncia da própria vontade.

A verbalização sobre si mesmo

A constituição do indivíduo obediente na prática da direção de consciência cristã é indissociável da produção de uma relação peculiar com a verdade. Foucault torna indissociáveis os atos de obediência e os atos de verdade.

Como é possível que na cultura ocidental cristã o governo dos homens solicite de parte daqueles que são dirigidos, além de atos de obediência e submissão, "atos de verdade" que têm essa particularidade de que o sujeito não somente é solicitado a dizer a verdade, mas dizê-la a respeito de si mesmo, de suas faltas, de seus desejos, de seu estado de alma, etc.? Como se formou um tipo de governo dos homens no qual não se é solicitado simplesmente a obedecer, mas a manifestar, enunciando-o, aquilo que se é? (FOUCAULT, 1994b, p. 125).

Foucault aqui discorre sobre o governo dos homens observado na direção de consciência da vida monástica. Os atos de verdade, caracterizados pela exaustiva enunciação a respeito de si mesmo, aos quais se refere a citação, paulatinamente foram sobrepostos aos atos de fé.

Foucault estuda os atos de fé a partir de um documento eclesiástico chamado *Didascália* (do grego διδασχαλια, escrito em torno de 250 d. C.). Mais tarde, esse documento foi remanejado nos seis primeiros livros das chamadas *Constituições apostólicas* (final do século IV). Nele a manifestação da fé e da condição de pecador é realizada por uma dramaticidade ritual da penitência conhecida como exomologese, da qual está ausente ou tem pouca importância a verbalização do pecado ou da fé.[6]

Foi somente a partir do século IV que de alguns cristãos se solicitaram atos de verdade relacionados ao âmbito dos segredos individuais, cuja finalidade era a extração de verdades interiores e escondidas na alma mediante a verbalização (FOUCAULT, 1994b, p. 804). Importante é salientar que esses cristãos são somente os monges cujas práticas ascéticas, tomadas na materialidade de uma vida austera, em muito se assemelhavam aos exercícios (*áskesis*) praticados pelos membros das escolas de filosofia greco-romanas.

Para compreender esse momento das práticas de si no Ocidente, Foucault estuda novamente Cassiano, um dos primeiros pensadores que se ocupou de *regrar* e propor uma *ordem* à vida monástica no Ocidente. Cassiano mostra que nas instituições monásticas, quando o monge cometia alguma falta grave, ele deveria expô-la publicamente diante da comunidade reunida (*exomologese*). Mas quando se tratava do governo das ações, pensamentos e desejos ordinários da vida, era privilegiada a *exagorese,* entendida como o exame da própria consciência acompanhado de uma verbalização exaustiva de todos os movimentos do pensamento.

A direção de consciência cristã está sempre situada entre o regime dos atos de fé e o regime dos atos de verdade. O engajamento público da adesão à verdade revelada e à condição de pecador (dramatização do ato

---

[6] Em grego, o verbo *homologein* significa "dizer a mesma coisa", "estar de acordo", "assentir". Quanto à *ex-homologein* significa "dar um assentimento, reconhecendo-o", "convir de algo". No caso de sua aplicação à penitência cristã primitiva, trata-se de reconhecer publicamente um pecado cometido ou o fato de estar na condição de pecador. Sobre a presença do verbo *exomologeo* no Novo Testamento, cf. Mc 1,5: "confessar", "reconhecer"; e Lc 22,6: "pôr-se de acordo", "aceitar". Cf. GUERRA, 1978. Os latinos traduzem *exomologein* por *confessio*. No entanto se trata de uma equivalência aproximativa, pois, de um lado, às vezes a *exomologein* é completamente sobreposta pela *confessio*, como em Tertuliano; de outro, a palavra *exomologein* não se aplica exatamente aos atos da penitência canônica, como na *Didaqué* (do grego διδαχη) ou Doutrina dos Doze Apóstolos (*Doctrina Apostolorum*), escrita entre 50-150 d.C. No Capítulo 14, §1, lê-se: "Reúna-se no dia do Senhor para partir o pão e agradecer após ter *confessado seus pecados*, para que o sacrifício seja puro". Nesse texto, o termo designa outra coisa, a saber, a oração coletiva de reconhecimento público da condição de pecador diante de Deus e da comunidade. Para o estudo da exomologese, cf. FOUCAULT, M. *Du gouvernement des vivants. Cours au Collège de France* (1980). Aulas de 5 e 26 de março de 1980.

de fé) vai se conjugar doravante a uma hermenêutica dos pensamentos pela direção de consciência (enunciação dos atos de verdade).

Foucault se interessa principalmente pelo regime dos *atos de verdade*, porque eles têm a ver com a produção de uma verdade sobre o indivíduo. Além da individualização observada por ocasião do estudo da obediência integral, a direção de consciência enfatiza a necessidade de *dizer tudo* àquele que dirige (mestre, abade, diretor).

Há uma relação de mútua dependência entre a produção de discursos verdadeiros e a obediência autofinalizada. O dirigido obedece ao diretor porque suspeita que a presença do Inimigo se misture ao fluxo de seus pensamentos. Na direção de consciência há a insistência na identificação dos poderes do Inimigo que se escondem sob as aparências dos próprios pensamentos, a fim de que sejam incessantemente combatidos. Trata-se de batalha interior a ser vencida apenas com a ajuda dos poderes divinos. Obedecer permanentemente ao mestre e submeter-se a seus conselhos constituem o caminho para sair-se vitorioso da batalha.

O exame de consciência

Na direção de consciência cristã é concedida muita relevância ao exame de consciência. Cassiano salienta que constitui objeto do exame não tanto o que foi feito ou se deixou de fazer – como no estoicismo –, mas o que está *pensando* o indivíduo no momento do exame. Cassiano se refere ao modo privilegiado de "discernir" permanentemente as *cogitationes* que procedem de Deus e as que Dele se desviam. Importa apreender os movimentos da alma (*omnes cogitationes*) e sua procedência. O foco da decifração é o pensamento com seu curso irregular e espontâneo, suas imagens, lembranças, percepções e impressões que se comunicam do corpo para a alma e vice-versa.

O que está em jogo, então, não é mais um código de atos permitidos ou proibidos; é toda uma técnica para analisar e diagnosticar o pensamento, suas origens, suas qualidades, seus perigos, seus poderes de sedução e todas as forças obscuras que podem esconder-se sob o aspecto que ele apresenta. E, se o objetivo é, enfim, expulsar tudo o que é impuro ou indutor de impureza, não se pode estar atento a não ser por meio de uma vigilância que não desarma jamais, uma suspeita que é preciso ter em qualquer lugar e a cada instante contra si mesmo (FOUCAULT, 1994b, p. 307).

Foucault está interessado no acontecimento da verdade pela ação da verbalização. Longe de limitar-se à enunciação de faltas cometidas ou à exposição de estados da alma, o privilégio recai na permanente enunciação de quaisquer movimentos do pensamento e suas intenções.

O monge coloca-se em dupla relação: com o diretor e consigo. Com o diretor, na medida em que acredita que sua experiência e sabedoria lhe permitem melhor aconselhar, embora o conselho deixe de ser fundamental na direção. Consigo, porque o importante é a decisão pessoal de verbalizar. Discorrer sobre os movimentos da alma já possui caráter operatório do discernimento entre bom e mau pensamento.

O ato decisório de confessar o que ocorre consigo, aliado à humilhação e à vergonha que ele implica, constitui passo decisivo para que o Maligno deixe o sujeito e a verdade seja extraída. Se os pensamentos têm origem pura e correspondem a boas intenções, não há mal algum que sejam revelados. Se procedem do Maligno, há a recusa de dizê-los e a tendência de escondê-los. Recusa em serem verbalizados e vergonha em formulá-los são os sinais indubitáveis de sua *marca* maligna.

Além disso, os maus pensamentos localizados nos arcanos do coração e prontos para tomar posse da alma individual se escondem dela, sem seduzi-la, sempre que estejam prestes a serem confessados. Tal mecanismo tem uma razão cosmoteológica: Satã era um anjo da luz que, devido ao seu desvio, fora condenado às trevas, de modo a ser-lhe interditada a claridade, a transparência.

Desde então está refugiado na obscuridade dos maus pensamentos, nas dobras da alma onde a luz não penetra. Eis por que o gesto de verbalizar é suficiente para conduzir a alma em direção da luz operando a expulsão de Satã, ainda que de modo provisório. Segue-se que expulsar os maus pensamentos pela boca, exorcizar o mal pela verbalização é tarefa incessante.

Extração da verdade pela enunciação do fluxo dos pensamentos e obediência integral são efeitos centrais da direção de consciência. O vínculo com a verdade visa fortalecer a relação de dependência. O monge examina a consciência para discorrer ao diretor sobre tentações a que esteve submetido e maus pensamentos que o têm atormentado. Com isso, está em questão a verdade *de si mesmo*.

Considerações finais

Após ter demonstrado as principais descontinuidades entre a direção de consciência no monaquismo cristão e no estoicismo romano, seria precipitado estabelecer juízos valorativos pela mútua comparação. Convém antes reconhecer que estamos diante de dois dispositivos diferentes quando analisamos a problemática da assimilação das técnicas fundamentais da vida filosófica para as instituições monásticas. De modo conclusivo, indicamos três descontinuidades em relação ao que expusemos anteriormente.

Autodomínio e obediência

O objetivo da direção monástica cristã é a salvação da alma. O estado de obediência, a renúncia à vontade egoísta, tem um valor positivo: permitir que o indivíduo se deixe governar pela vontade de Deus, pela obediência infinita e pela partilha da vida e dos bens. Já o horizonte da direção estoica é o senhorio de si, tornar-se mestre de si mesmo. A obediência é necessária não como estado de vida, mas como meio provisório para alcançar aquele senhorio, ou como caminho indispensável para chegar à imperturbabilidade do espírito, à perfeição. O que deve ser uma atitude permanente na direção estoica é a tentativa de adequar o comportamento individual à harmonia observável na natureza.

A submissão permanente, solicitada pela obediência monástica, está nas antípodas da autossuficiência estoica, já que esta última supõe que o indivíduo possa se libertar em relação ao seu mestre, aos outros e aos acontecimentos.

Constitutiva da obediência cristã é a paciência, a disposição de sofrer aquilo que vem dos outros e do mundo; quanto maior a paciência, melhor a possibilidade da obediência. Ela é oposta à *apatheia* estoica, já que esta supõe que o indivíduo deixe de permanecer submisso ao movimento de suas paixões, como se nada mais pudesse agitá-lo e afetá-lo.[7] Igualmente a humildade, constitutiva da obediência, é o contrário da autonomia estoica, já que, ao obedecer a sua razão, o estoico está obedecendo à razão que rege o mundo; ao ser mestre de si, ele se torna mestre do universo.

A conclusão mais refinada que identificamos na análise de Foucault sobre a obediência é ter mostrado que no estoicismo o importante é saber *o que* se obedece, se o conteúdo a obedecer é um princípio razoável para a ação; em contrapartida, no monaquismo, interessa a *atitude* da obediência como uma segunda natureza em nós, observada principalmente quando seu conteúdo seja o mais absurdo possível.

---

[7] Vale ressaltar que a obediência cristã também está, de certo modo, direcionada para a atitude da *apatheia*. Mas esse télos cristão, mais do que conjurar a paixão em si mesma, como ocorre entre os estoicos, procura antes erradicar no indivíduo a vontade autorreferente e egoísta. Insuficiente é chegar à ausência de paixões; é necessário ainda que a vontade não cesse de renunciar a si mesma. A esse respeito, Michel Senellart observa que Foucault não cita nenhuma fonte precisa quando trata da *apatheia* cristã. No entanto, traços como a renúncia ao egoísmo, à vontade singular, o *pathos* compreendido como vontade orientada para si mesmo "mostram que a *apatheia* pertence ao discurso da ascese cenobítica e monástica, na continuidade da anacorese dos primeiros séculos. Ela faz parte do mesmo sistema de pensamento que aquele do qual testemunham as vidas dos Padres do deserto, a *Histoire lausiaque* de Paládio, as *Institutions* e *Conférences* de Cassiano, a *Regra* de São Bento, e que encontra seu prolongamento, segundo Foucault, nos escritos de Santo Ambrósio e São Gregório" (SENELLART, 2003, p. 159-160).

Verbalização e silêncio

A outra descontinuidade significativa entre a direção monástica cristã e a direção estoica é a relação com a verdade, no sentido foucaultiano: saber como alguém se constitui como sujeito mediante uma relação peculiar com a verdade. Significa que Foucault não está interessado na concepção estoica de verdade ou na doutrina cristã sobre a verdade. Ele antes se refere aos *regimes de verdade*[8] presentes nessas diferentes *racionalidades*[9] de governo dos homens, tanto no governo monástico (relação diretor-dirigido), quanto no governo filosófico (relação mestre-discípulo).

Se no cristianismo o importante é saber como poder dizer a verdade sobre si mesmo, no estoicismo romano é relevante reconhecer como se tornar um sujeito de verdades. No cristianismo o discípulo sempre tem algo a dizer, ele tem de dizer a verdade; trata-se da verdade dele mesmo, como condição para alcançar a salvação. Isso inexiste não somente no estoicismo romano, como também na Antiguidade grega e helenística. Entre os estoicos, o discípulo não precisa dizer a verdade sobre si mesmo; em definitivo ele não precisa jamais dizer a verdade, porque dele não se exige que fale algo. "É preciso e é suficiente que ele se cale" (FOUCAULT, 2001, p. 347).

Exame acusativo e exame administrativo

No monaquismo, o exame não concerne ao conteúdo positivo da ideia; importa antes a origem, a marca da ideia. Interessa o exame material do

---

[8] Regime de verdade é uma expressão que Foucault utiliza desde meados dos anos 1970. Com ela, pretende mostrar que "a verdade está ligada circularmente a sistemas de poder que a produzem e a sustentam, e a efeitos de poder que ela induz e que a reconduzem" (FOUCAULT, 1994a, p. 114). Ao pensar a verdade pela expressão "regimes de verdade", Foucault quer mostrar que ela: "é deste mundo; ela é nele produzida graças a múltiplas constrições. Ela detém efeitos regrados de poder" (FOUCAULT, 1994a, p. 112). Ou ainda: "[...] por verdade não quero dizer 'o conjunto das coisas verdadeiras que há de se descobrir ou fazer aceitar', mas 'o conjunto das regras segundo as quais se distingue o verdadeiro e o falso e se atribui ao verdadeiro efeitos específicos de poder'" (FOUCAULT, 1994a, p. 113).

[9] Foucault não faz uma história da razão ou do processo de racionalização da sociedade ocidental (Weber), mas das diferentes racionalidades, no sentido de práticas refletidas que atuam na produção do real e da verdade mediante conselhos de conduta, prescrições de comportamento, distribuição de espaços, controle do tempo, organização de instituições. Foucault, quando trata da racionalidade governamental, não está preocupado com as doutrinas religiosas nas quais se deve crer, mas nas regras que atuam na conduta cotidiana, nas recomendações pastorais relacionadas à maneira como as pessoas devem se governar e se conduzir a si mesmas e aos outros. O mais importante nessa racionalidade não é o seguimento da lei divina, mas a adequação do indivíduo à *ordem* de uma comunidade, como ele deve se individualizar para fortalecer essa comunidade. Foucault também pensou a racionalidade política moderna pela antinomia entre direito e ordem. "O direito, por definição, remete sempre a um sistema jurídico, enquanto que a ordem se refere a um sistema administrativo, a uma ordem bem precisa do Estado" (FOUCAULT, 1994b, p. 827). Mesmo que os utopistas do século XVII e os administradores do século XVIII tenham sonhado conciliar um e outro, tudo não passou de um sonho.

pensamento, não o conteúdo objetivo da ideia. Por isso é privilegiado o fluxo atual dos pensamentos, seu vir a acontecer. Trata-se de compreender o pensamento no momento em que o indivíduo se põe a pensar, de modo que ele possa estabelecer uma triagem entre aqueles que poderão ser acolhidos e aqueles que deverão ser expulsos da consciência. Diante da incerteza sobre quem ele é, o monge pergunta se sua ideia é verdadeira. Não se trata simplesmente de sondar a verdade da ideia, mas principalmente a verdade dele mesmo, que é uma ideia. Não a verdade do que ele pensa, mas a verdade do *eu* que pensa.

Já no estoicismo, interessa examinar sobre os *atos* que alguém realizou ou deixou de realizar, principalmente quando estes últimos estavam no seu propósito diário de administração de si mesmo. Importante é saber o conteúdo da ação e sua relevância, do que se depreende o caráter retrospectivo do exame. Pela prática da obediência provisória, do exame regular, da confidência indispensável a um mestre, a direção estoica objetivava permitir ao sujeito o exercício permanente da administração e jurisdição sobre seus atos, de modo que ele fizesse sua própria lei.

Referências

CASSIEN, J.; GUY, J.-C. *Institutions cénobitiques*. Paris: Cerf, 1965.

CLÉMENT D'ALEXANDRIE. *Le pedagogue*. Trad. Claude Montdésert, Henri-Irénée Marrou, Chantal Matray. Paris: Cerf, 1970. (Sources chrétiennes).

FOUCAULT, M. *Discorso e verità nella Grecia antica*. Edizione italiana a cura di Adelina Galeotti. Introduzione di Remo Bodei. Roma: Donzelli Editore, 1997.

FOUCAULT, M. *Dits et écrits*, III. Édition établie sous la direction de Daniel Defert e François Ewald, avec la collaboration de Jacques Lagrange. Paris: Gallimard, 1994a.

FOUCAULT, M. *Dits et écrits*, IV. Édition établie sous la direction de Daniel Defert e François Ewald, avec la collaboration de Jacques Lagrange. Paris: Gallimard, 1994b.

FOUCAULT, M. *Du gouvernement des vivants*. Cours au Collège de France, 1979-1980. Inédito. Disponível em fitas-cassete: C 62 (01-12). Paris: Arquivos IMEC.

FOUCAULT, M. *L'herméneutique du sujet*. Cours au Collège de France, 1981-1982. Édition établie par François Ewald et Alessandro Fontana, par Frédéric Gros. Paris: Seuil/Gallimard, 2001 (Hautes Études).

FOUCAULT, M. *Sécurité, territoire, population*. Cours au Collège de France, 1977-1978. Édition établie par François Ewald et Alessandro Fontana, par Michel Senellart. Paris: Gallimard/Seuil, 2004 (Hautes Études).

FOUCAULT, M. *Subjectivité et vérité*. Cours au Collège de France, 1980-1981. Inédito. Disponível em fitas-cassete: C 63 (01-07). Paris: Arquivos IMEC.

GUERRA, M. *Diccionário morfológico del Nuevo Testamento*. Burgos: Ediciones Aldecoa, 1978.

SÊNECA. Da tranquilidade da alma. In: *Os pensadores*. Trad. Giulio Davide Leoni. São Paulo: Abril Cultural, 1973. p. 205-223.

SENELLART, M. La pratique de la direction de consciente. In: GROS, F.; LÉVY, C. (Org.). *Foucault et la philosophie antique*. Paris: Kimé, 2003. p. 153-174.

CAPÍTULO 7

A política das identidades como pastorado contemporâneo

Kleber Prado Filho

Apresentação do tema e trajeto a ser percorrido

A exemplo do que acontece com Nietzsche, em *A genealogia da moral*, as relações com o cristianismo são da maior importância no contexto da genealogia da ética de Foucault, passando centralmente por uma problematização das relações do sujeito com a verdade – temática da confissão – e pela questão do pastorado. Como as relações com a verdade serão tratadas neste livro pelos meus parceiros de escrita, vou me dedicar aqui à não menos interessante questão do poder pastoral, fazendo ligações com nossas práticas contemporâneas de governo, caracterizando aquilo que denomino uma "política das identidades".

A temática do pastorado foi desenvolvida no final dos anos 1970 como elemento da sua "história da governamentalidade",[1] havendo sido objeto de algumas aulas do curso *Segurança, território, população* por ele ministrado no Collège de France no ano letivo 1977-1978, além de haver sido também objeto de duas conferências proferidas em 10 e 16 de outubro de 1979, em Vermont, publicadas com o título de *Omnes et Singulatim: uma crítica da razão política*, disponíveis na versão brasileira dos *Ditos e escritos*.

Nessas conferências o poder pastoral é inicialmente apresentado como outra matriz presente na política ocidental em relação à tradição grega, centrada no problema da democracia. Estamos habituados a reconhecer nossos débitos à tradição política fundada pelos gregos, deixando de perceber a ação de outro tipo de poder que opera entre nós de modo bem mais fino e individualizante – o pastorado – ligado a uma outra tradição, oriental, não tão visível quanto a grega, que remonta ao Antigo Egito e

---

[1] Trajeto apontado por Foucault e percorrido por mim em livro citado nas Referências (PRADO FILHO, 2006).

às culturas Assíria e Judei. A teoria política tradicional – alvo das críticas micropolíticas de Foucault –, focada numa perspectiva macropolítica e preocupada com as relações entre território e soberania, governo, democracia e cidadania, lei, repressão x desejo, não dá conta de uma questão política bem imediata, que diz respeito à pergunta: o que efetivamente nos mantém presos aos poderes cotidianos?

O equacionamento dessa questão requer deslocar o olhar das relações Estado *versus* sociedade para uma dimensão molecular, micropolítica. Os controles sociais contemporâneos são tão sutis quanto múltiplos e mutifacetados, implicando relações complexas e articuladas, formando dispositivos bastante ativos. Já em *Vigiar e punir* e *A vontade de saber*, Foucault afirma que aquilo que nos mantém presos ao poder não é a aplicação da lei, mas o jogo da norma. A lei opera entre nós como "última barreira do poder", mas antes do seu acionamento somos sujeitos de práticas bem mais finas e subjetivantes de poder, envolvendo moralizações, normalizações, jogos de verdade, regulações das condutas cotidianas, pequenas conduções do/pelo outro, governo ético sobre si mesmo, estetizações e trabalhos sobre si mesmo.

Um reconhecimento da sua importância em nossa cultura, bem como uma atenção às sutilezas do exercício do poder pastoral entre nós, sem pretensão de "responder" à pergunta colocada, fornece elementos importantes para uma crítica e instrumentalização de práticas de resistência em relação àquilo que nos mantém presos aos poderes cotidianos. No texto "O sujeito e o poder" Foucault afirma: "Talvez, o objetivo hoje em dia não seja descobrir o que somos, mas recusar o que somos. Temos que imaginar e construir o que poderíamos ser para nos livrarmos deste 'duplo constrangimento' político, que é a simultânea individualização e totalização própria às estruturas do poder moderno" (FOUCAULT, 1995, p. 239).

A conclusão seria que o problema político, ético, social e filosófico de nossos dias não consiste em tentar liberar o indivíduo do Estado nem das instituições do Estado, porém nos liberarmos tanto do Estado quanto do tipo de individualização que a ele se liga. Temos de promover novas formas de subjetividade através da recusa desse tipo de individualidade que nos foi imposto há vários séculos (FOUCAULT, 1995, p. 239).

A individualização é uma das características mais marcantes do poder pastoral, incorporada em práticas de governo da vida, dos corpos e das condutas que se formam no limiar da nossa modernidade, e que virão a ser colonizadas pelo Estado, articuladas a práticas de normalização e a jogos de identificação colocados no cerne da política moderna, presentes na ação dos dispositivos – afinal, de que serve aos poderes um indivíduo anônimo, sem as marcas da identidade? O que nos mantém presos aos poderes em nossas sociedades são exatamente nossas marcas identitárias particulares, que nos fazem localizáveis ao mesmo tempo que previsíveis, resultado de uma política que opera pela marcação, regulação e condução das identidades em estilo pastoral. Esses são o trajeto percorrido e o conjunto de preocupações que orientam esta reflexão.

A difusão do poder pastoral pelo Ocidente

Conforme exposto na primeira daquelas conferências, a questão do pastorado já se encontra presente nas problemáticas do "rei-pastor" e do "pastor de homens" habituais às sociedades orientais antigas, como também na temática do Deus-pastor entre os hebreus. As ligações entre Deus e o rei remetem à tarefa, comum aos dois, de conduzir um rebanho em segurança, tendo em conta que o rebanho conduzido é o mesmo, composto pelas mesmas pessoas, que são seres vivos. Coloca-se aí o problema político da relação entre o "todo e cada um" – totalização + individualização –, uma vez que conduzir o todo implica governar cada um de forma capilar e individualizada. O que está em questão aqui não são o território, a soberania, o Estado e a sociedade, mas a vida dos indivíduos.

Foucault aponta algumas características do pastorado antigo:

- o pastor exerce seu poder sobre um rebanho, e não exatamente sobre um território: o que importa é a relação entre o pastor e seu rebanho;
- este reúne e guia seu rebanho, que se forma na sua presença, pela sua ação de agrupar indivíduos dispersos – basta que desapareça o pastor para que o rebanho se desmembre;
- a principal tarefa do pastor diz respeito a garantir a salvação do seu rebanho, que não se dá em conjunto, mas de forma individualizada, implicando um exercício de poder constante e individualmente bondoso, que estabelece metas para o todo e para cada um;
- o poder pastoral é exercido como dever e abnegação – "o pastor vela o sono de suas ovelhas" – em que a vigília se torna questão fundamental. Ele deve vigiar o conjunto sem perder ninguém de vista, deve conhecer as necessidades do todo e de cada um, no conjunto e nos detalhes, envolvendo atenção individualizada a cada ovelha.

O cristianismo virá introduzir algumas novidades nessa antiga prática de condução, produzindo sua própria tecnologia pastoral. No geral, além de passar a ser difundido como doutrina, o pastorado cristão aprofunda a individualização pela particularização do conhecimento sobre cada um, acentuando o centramento na vida e a submissão pessoal ao pastor.

O pastorado cristão implica uma forma de conhecimento particular entre o pastor e cada uma de suas ovelhas que as individualiza. Ele deve conhecer as necessidades pessoais de cada membro do rebanho e, mais que isso, deve saber o que faz cada um, o que lhes acontece, o que se passa em suas almas, seus pecados, seus segredos. Nessa prática de individualização o cristianismo se vale de dois instrumentos utilizados de forma articulada: o exame e a direção de consciência. O primeiro não diz respeito a cultivar uma consciência de si, mas implica total abertura e revelação da sua alma ao diretor, ligado ao segundo, que se refere a um laço permanente com o diretor, onde guiar constitui um estado.

Essas técnicas cristãs envolvendo obediência, exame e direção de consciência têm como objetivo alcançar uma renúncia ao mundo e a si mesmo – uma renúncia que funciona como uma morte diária, uma "mortificação" nesse mundo que possibilita o renascimento e a vida em outro mundo. Essa mortificação constitui uma modalidade de relação consigo mesmo – refere-se a uma ética e a um governo de si mesmo – fazendo parte da identidade cristã (PRADO FILHO, 2006, p. 33-34).

Na aula de 15 de fevereiro de 1978 do curso *Segurança, território, população*, Foucault argumenta que o poder pastoral foi sendo transformado pelo cristianismo por mais de um milênio – entre os séculos III e XVI –, havendo sido aplicado como prática de condução e governo tanto no âmbito interno das instituições católicas quanto da sua relação com os fiéis, ligando doutrina religiosa e técnica política individualizante. Porém não se deve pensar que o pastorado triunfou como governo político durante a Idade Média: ele funcionou muito mais como "instituição necessária" ou conjunto de restrições e prescrições de natureza ético-moral, e como campo de reflexão teórica ou filosofia, do que propriamente como tecnologia de governo. De qualquer forma, ele esteve no centro das agitações e lutas políticas travadas "em torno dele, por ele e contra ele" no seio da comunidade cristã à época. Considera Foucault nessa aula que a Reforma protestante, muito mais que uma batalha doutrinária, foi uma grande luta pastoral – aquilo que ele denomina "uma revolta das condutas" – contra a maneira como o poder pastoral era exercido de forma piramidalmente hierarquizada pela Igreja Católica.

E mesmo não configurando uma técnica de governo propriamente político, caracterizando-se como "prática de condução de almas", o pastorado não se ocupou apenas da condução das almas dos fiéis, já que conduzir suas almas implicava uma intervenção contínua nas suas condutas cotidianas, a gestão de suas vidas, individualmente e no conjunto. Essas formas de condução – governo cotidiano, governo de uns por outros e governo pastoral – encontram-se muito misturadas até meados do século

XVI, quando emergem as "artes (laicas) de governar". Até então, elas constituíam algo como uma "ciência por excelência", "saber de todos os saberes", o que diz da sua importância.

Na aula de 1º de março de 1978 destaca Foucault que já no século IV Grégoire de Nazianze tratava o governo pastoral como "regime" ou "economia das almas", que se referia à cristandade no conjunto e a cada um dos cristãos em particular, mas a problematização da "condução" a partir do século XVI introduz novidades na prática, passando a designar não apenas a atividade política de conduzir outros, como também o comportamento igualmente político de conduzir-se ou deixar-se conduzir por outro. No contexto da história da governamentalidade, a palavra "governo" nunca remete a um governo do Estado sobre a sociedade ou a qualquer modalidade de exercício de poder instituído, mas aponta para o problema político da condução – condução das condutas, dos outros e de si mesmo, pelos outros e por si mesmo, em que governo político sobre outros = conduzir; governo político pelos outros = deixar-se conduzir; governo ético sobre si mesmo = conduzir-se.

Com a emergência das artes laicas de governar no século XVI e com o desenvolvimento das técnicas de governo ao longo dos séculos XVII e XVIII, pode parecer que o pastorado se recolhe ao exercício doutrinário e à condução espiritual das almas, porém suas marcas permanecerão presentes na tecnologia política que está se formando, contaminando ao mesmo tempo que sendo colonizado pelas modernas técnicas de governo. Trata-se, nesse momento, menos da retirada do pastorado da cena política que da passagem de uma prática de condução das almas à formação de uma tecnologia de governo dos vivos.

A formação de uma tecnologia de governo na modernidade

Durante o século XVII multiplica-se então aquilo que Foucault denomina na sua aula de 8 de março de 1978 "uma problemática geral do governo em geral", quando entra em questão toda uma multiplicidade de formas de governo – da oficina, dos aprendizes, mas também da casa, das mulheres, da família, das crianças, de si mesmo –, todas elas desligadas de um pastorado das almas. As práticas de condução de sujeitos vivos tornam-se problema público e o poder pastoral virá a ser incorporado nas "técnicas de polícia" emergentes, que não têm nessa época uma função repressiva ou de segurança pública, e sim uma tarefa de investimento e governo cotidiano da vida dos indivíduos, operando como prática de gestão e governo.

Deve-se notar que esse é o momento de emergência das disciplinas como primeira forma de exercício de biopoder – poder que se exerce sobre a vida –, assim como o século XVIII será o período do desenvolvimento das biopolíticas e do poder da norma. As práticas biopolíticas surgem no contexto de uma preocupação política em torno da vida das populações, como técnicas de regulação e governo da vida das populações e de cada indivíduo. Não é difícil perceber as correlações entre as práticas biopolíticas e a tecnologia pastoral, considerando alguns deslocamentos: do rebanho à população; da ovelha, do fiel, ao indivíduo; da vigília à vigilância; do olhar de Deus, que tudo vê, ao panóptico que tudo vigia; com uma estratégia em comum: o jogo totalização + individualização, e um objeto em comum: a vida, governada por um poder que investe, vela e cuida. Tudo isso mostra o atravessamento das biopolíticas modernas por práticas pastorais.

Vistos da perspectiva da história da governamentalidade, os séculos XVII e XVIII são o período do desenvolvimento das modernas técnicas de governo, que não por mera coincidência tomam a vida como objeto. Mais uma vez as populações como problema político, mais uma vez o jogo totalização + individualização, mostrando uma racionalidade biopolítica que opera em técnicas de governo e na formulação de "políticas públicas", conduzidas como "tecnologias de rebanho", diria Nietzsche. As técnicas de governo começam a se organizar em torno de uma racionalidade estatal. Como suportes de saber, surgem nesse momento a economia e a estatística como ciências de Estado, buscando produzir conhecimento – não desligado de poder – sobre as populações, que possibilite melhor governá-las, majorar sua força, sua produção, potencializar sua vida.

No final desse período – que é também a passagem à modernidade – está acontecendo uma governamentalização do Estado, ou, uma centralização das técnicas de governo no aparelho do Estado, o que, considerando sua "contaminação" por práticas pastorais, dá nascimento ao Estado pastoral contemporâneo, quando o jogo totalização + individualização passa a ser uma estratégia de Estado, mostrando a conjunção de uma política pastoral – individualizante – com a macropolítica totalizante do Estado.

A individualização pastoral é uma tecnologia cristã de produção de sujeitos, que envolve procedimentos de identificação analítica, quando este se reconhece como sujeito de preceitos tomados como verdadeiros; de assujeitamento, quando se submete a eles se anulando; e de subjetivação, resultando na produção de uma verdade secreta e interiorizada a respeito de si mesmo. Uma tecnologia de individualização interiorizante que opera por subjetivação é, portanto, o maior benefício prestado pelo pastorado ao Estado, implicando relações do sujeito consigo mesmo, jogos de verdade e trabalhos sobre si, que resultam numa diversidade de renúncias corporais, materiais, e em variadas modalidades de negação de si mesmo colocadas pela tradição do ascetismo cristão.

Se tratada em termos de tecnologia pastoral, a individualização remete a modos de subjetivação implicados em relações éticas do sujeito consigo mesmo. Resta entender agora a produção de indivíduos da perspectiva da sua objetivação por práticas de poder, uma vez que essa figura se forma na confluência de fluxos de objetivação e subjetivação.

Trajetórias de uma genealogia do indivíduo moderno

Não é novidade que a individualidade é uma forma de existência histórica, correlativa do modo de vida capitalista, como o indivíduo é uma figura datada, correlativa do discurso liberal e do moderno estatuto do indivíduo. Também não é original afirmar que o indivíduo é objetivado em práticas sociais e políticas, portanto faz-se necessário um detalhamento das condições dessa produção, visando dar melhor visibilidade ao percurso aqui percorrido.

Da perspectiva da genealogia do poder, o sujeito é produto de jogos de saber-poder e, mais especificamente, o indivíduo é resultado da aplicação de técnicas de individualização desenvolvidas ao longo dos séculos XVII e XVIII, no contexto de formação histórica da anatomopolítica dos corpos abordada em *Vigiar e punir*. Vista como prática de objetivação, a individualização é um procedimento disciplinar solidário de técnicas de identificação e normalização, que possibilita separar sujeitos para posterior comparação e classificação entre eles, buscando marcá-lo conforme suas características particulares. As disciplinas literalmente produzem indivíduos: não apenas corpos-máquinas, mas sujeitos individualizados, serializados, marcados e identificados, dotados de uma subjetividade. E nossas sociedades dispõem contemporaneamente de uma poderosa tecnologia de produção de indivíduos, aprimorada durante todo o século XX com suportes provenientes do desenvolvimento de saberes e técnicas psicológicas em campos diversos.

Assim como a individualidade é uma forma moderna de existência, a identidade é questão igualmente moderna, com desdobramentos políticos, sociais e psicológicos bem práticos. Em termos molares, remete aos dispositivos de segurança característicos das nossas sociedades, aos "Institutos de Identificação", processos de identificação civil e policial, questão da identidade civil como marca da cidadania. Em termos sociais, implica um problema de visibilidade perante os outros: jogos de identidade como produção de uma "imagem social" estável. Em termos psicológicos, implica jogos de reconhecimento do sujeito em relação a si mesmo – ilusão de singularidade – como resultado da repetição, cristalização e fixação de si. Em nível molecular, remete a jogos de vigilância e panoptismo social:

a identidade como resultado de um jogo de espelhos envolvendo uma visibilidade de cada indivíduo perante os outros e perante si mesmo.

A fixação da identidade opera entre nós como prática de regulação e condução das condutas individuais, ligando cada indivíduo ao poder e a si mesmo, ao mesmo tempo que distingue uns dos outros. Jogos de identidade e processos de identificação são absolutamente fundamentais em nossas sociedades de segurança e de controle, envolvendo técnicas de marcação dos indivíduos conforme suas características particulares, assinalando sua singularidade, mas também suas diferenças em relação aos outros, possibilitando estabelecer relações de comparação e classificação entre eles, o que remete à problemática política da normalização.

Nossa articulada e multifacetada tecnologia contemporânea de normalização encontra-se genealogicamente ligada à emergência do poder da norma no final do XVIII, cujo acontecimento se encontra, por sua vez, imbricado no desenvolvimento de técnicas de exame e conhecimento pormenorizado das particularidades da individualidade. Os desdobramentos da sua aplicação ao longo do século XIX concentram-se em torno da marcação dos desvios e das formas de anormalidade, tal como trabalhado por Foucault em seu curso no Collège de France nos anos 1974/1975, intitulado: *Os anormais*. É mais especificamente durante o século XX, com suportes da psicologia, que se forma nossa poderosa tecnologia de normalização, envolvendo uma meticulosa identificação e nomeação dos tipos de desvios, sua correção terapêutica, a formulação de estratégias de recondução à faixa de normalidade e de regularização da conduta dos desviantes, mas também dos indivíduos "normais".

O poder da norma tem um forte revestimento de cientificidade, fundando-se em suportes estatísticos, produzindo medidas comparativas, índices, curvas, médias, faixas e limites de normalidade para grupos de indivíduos, portanto, normatizando *a priori*, para depois compará-los concretamente entre si, conhecendo suas particularidades, marcando, nomeando e patologizando seus desvios em relação à norma estabelecida para o grupo, além de aplicar uma tecnologia corretiva, terapêutica, objetivando reconduzir o desviante à faixa e normalidade, o que implica propriamente "normalizar".

A política moderna é normalizante, centrada na aplicação política do princípio da norma, no jogo político entre o normal x anormal, na exclusão social daqueles que se distanciam da norma, de uma arbitrada faixa de normalidade social. Configura-se como um tipo de política "terapêutica", subjetivante, à medida que objetiva "corrigir desvios", reconduzindo à norma aqueles que dela se afastam, operando uma "ortopedia da subjetividade". As técnicas de normalização são também uma forma moderna de pastorado, de condução subjetivante, cuidadosa, buscando reconduzir o desviante ao "bom caminho", que não é mais a verdade de Deus, mas a verdade "científica" da norma. Esse tipo de política resulta da disseminação de dispositivos normalizadores pelo tecido social, organizados, todos eles, em torno de questões estratégicas para a sociedade, tais como: saúde, loucura, criminalidade, sexualidade, aprendizagem.

Sobre a política das identidades

Aquilo que está sendo aqui denominado "política das identidades" compreende todo esse conjunto de práticas solidárias de individualização, identificação e normalização, com seus jogos de verdade, envolvendo o governo do/pelos outros e o governo de si mesmo. Conjunto de práticas que configura uma política individualizante que regula e conduz a condutas dos indivíduos – prática pastoral – através de jogos de identidade caracteristicamente modernos, operando politicamente em termos de totalização + individualização, mostrando uma fusão entre Estado e pastorado, ou a incorporação de técnicas de condução pastoral pelo Estado moderno.

A política das identidades encontra-se intimamente ligada àquilo que Foucault caracteriza no texto "O sujeito e o poder", como questão política estratégica em nosso tempo presente, relativa à resistência aos modos de individualização, a jogos de objetivação x subjetivação, a práticas de identificação de indivíduos e de normalização das suas condutas e, ainda, a práticas de vigilância e governo da vida e do corpo de cada um, característicos das nossas sociedades.

Referências

FOUCAULT, M. *Vigiar e punir*. Petrópolis: Vozes, 1987.

FOUCAULT, M. *História da sexualidade I*: a vontade de saber. Rio de Janeiro: Graal, 1988.

FOUCAULT, M. *Los anormales*. Curso em el Collège de France 1974-1975. Mexico: Fondo de Cultura Económica, 2001.

FOUCAULT, M. *Sécurité, territoire, population*. Cours au Collège de France 1977-1978. Paris: Gallimard/Seuil, 2004.

FOUCAULT, M. Omnes et singulatim: uma crítica da razão política. In: *Ditos e escritos*. Rio de Janeiro: Forense Universitária, 2003. v. 4, p. 355-386.

FOUCAULT, M. O sujeito e o poder. In: DREYFUS, H.; RABINOW, P. *M. Foucault*: uma trajetória filosófica. Rio de Janeiro: Forense Universitária, 1995. p. 233-249.

PRADO FILHO, K. M. *Foucault*: uma história da governamentalidade. Rio de Janeiro: Achiamé/Insular, 2006.

CAPÍTULO 8

Parresia, prática de si e moral de código: mais um elo do problema do sentido histórico em Foucault

Hélio Rebello Cardoso Jr.

Alfredo dos Santos Oliva

A tônica geral da lição que podemos extrair de Foucault acerca da história é de que devemos ser prudentes quanto ao decantado problema do sentido. A novidade é que Foucault afirmou que o sentido histórico aparece na incongruência e na descontinuidade das evidências. No presente texto, procuraremos mostrar que a questão da *parresia* (em grego é grafado παρρησια, que significa "dizer a verdade"), um dos assuntos finais na obra de Foucault, é também fonte de uma percepção foucaultiana acerca do sentido histórico.

Para tanto, começaremos por destacar algumas características da *parresia* a fim de entendê-la como prática de si dentro de uma moral calcada no autogoverno. Em seguida, a equação sentido histórico – *parresia* receberá uma ilustração. Veremos que, segundo Foucault, embora as morais de código, como a do cristianismo, prescrevam a verdade, nelas vige em vários graus uma verdade parresiástica. É justamente essa vigência da *parresia* em dois tipos de moral incongruentes que ilustra para nós o sentido histórico do cristianismo.

Na filosofia da história, um dos principais problemas, senão o mais importante, é o do sentido. Teríamos razão para acreditar que a História caminha em um sentido determinado? Em caso positivo, isto é, se os atos e acontecimentos não estão deixados totalmente ao acaso, o sentido histórico esboça uma melhora ou, ao contrário, uma piora da vida humana em seu curso temporal?

O problema de falar a verdade está envolvido em certas circunstâncias que põem em evidência a clássica discussão a respeito de sentido histórico. Afinal, qual o sentido de dizer a verdade e como isso afeta nossa existência, historicamente falando? Essa pergunta, em primeiro lugar, dirige-se à

121

parresia como problema histórico presente nos escritos do último Foucault; contudo, de um modo mais urgente, essa pergunta se volta para uma questão que percorre toda a sua obra, ou seja, à ideia foucaultiana de história.

Vejamos algumas características da *parresia* segundo Foucault. Observamos de antemão que sua singularidade reside no fato de que é uma prática de si pela qual se exercita o autogoverno e esse caráter basta para que a *parresia* se diferencie de forma cabal de outros modos históricos de se falar a verdade.

Em suas pesquisas a respeito do Mundo Antigo, em um de seus últimos textos, Foucault (1983) mostra que, durante a Antiguidade greco-romana e até os primeiros séculos da Era Cristã, existiam regras culturalmente vigentes a respeito de dizer a verdade (*parresia* – etimologicamente, "dizer tudo"). Isso significa que alguém que diz a verdade não pode se esconder atrás de qualquer efeito retórico, pois precisa dizer exatamente o que tem em mente, sem nada omitir. Então, o falante não pode esconder nada do ouvinte, ele precisa se aproximar o máximo possível do que está pensando, o sujeito que diz pela sua boca coincide com a consciência que pensa dentro dele, com sua opinião. Dessa forma, a *parresia* ou falar a verdade difere de convencer alguém de uma verdade. A *parresia*, portanto, não é, em primeira instância, uma relação do falante com sua audiência, na qual ele levaria em conta as opiniões daqueles a quem fala mesmo que não fossem as suas próprias, procurando retoricamente precaver-se de reações contrárias para melhor convencer seus ouvintes. Antes de qualquer coisa, a *parresia* é uma relação do falante com o que ele diz; é um exercício de si para consigo mesmo através da fala. Além disso, a *parresia* devia distinguir-se da mera verborragia daquele que fala para um plenário, perante o qual fazer o uso da palavra é prerrogativa em uma democracia. Ela distingue-se igualmente da confissão de quem abre a palavra e descreve em detalhe todos os movimentos de seu coração, supondo que a confissão, nesse sentido, o aproximaria de Deus. A *parresia*, então, não seria nem um direito democrático nem um exercício cristão.

Para nós, quer dizer, hoje, um falante qualquer possui uma crença ou opinião e procura provar que ela é verdade através da reunião de provas que confiram à sua opinião o caráter de evidência. Ele procura prová-lo, antes de tudo, para si mesmo. Somente a partir dessa operação mental será possível fazer com que uma crença corresponda à verdade. Já quanto à *parresia* dos antigos, a operação não era mental, mas verbal, através da fala o falante sabia que sua opinião coincidia com a verdade e não tinha dúvida de que estava na posse da verdade. O falante não tinha de provar que o que dizia era verdade através de uma operação mental, pois a prova de que ele tinha acesso à verdade eram suas qualidades morais. E ele devia dispor destas não apenas para garantir-lhe acesso à verdade, mas também para ter a autoridade de comunicá-la a outras pessoas. Por isso, a maior prova de que o falante dizia a verdade era a coragem de dizer algo diferente do que a maioria acreditava, de modo que não é totalmente correto afirmar que aquele que fala a verdade *prova* o que diz, pois ele era *apenas* reconhecido pelo público como sendo capaz desse ato.

A coragem de dizer a verdade não era a única qualidade moral pela qual se reconhecia aquele que realmente falava a verdade, já que a prova da verdade implicava sempre um perigo ou risco para aquele que a proferia. Para usar um exemplo de nossos dias, quando falamos a um amigo a verdade, apesar de que isso possa ferir seus sentimentos e, até, deturpar ou destruir a relação de amizade, estamos praticando uma espécie de *parresia*, isto é, nós precisamos ter a coragem de falar apesar do risco que ela acarreta. Nesse sentido, falar a verdade também é uma relação para consigo mesmo, pois quem fala escolheu o risco de dizê-la em vez de acomodar-se em um mundo onde a verdade permanece calada; o falante não pode conviver com a ideia de que é falso para consigo mesmo.

A *parresia* requeria coragem e trazia um risco, como dissemos, porque ela contrariava a audiência ou o interlocutor com uma verdade que este não queria ouvir. Nesse sentido, isso pode se confundir, por exemplo, com a autoridade de um professor. Um de nós, falando aqui de cima, com nossos títulos e experiências, ao ensinar Filosofia estaríamos praticando uma espécie de *parresia*, pois nós sabemos que o que falamos é verdade. E corremos o risco de sermos contestados, pois alguém pode vir e demonstrar que aquilo que falamos é besteira e que existe outra verdade maior e mais evidente. Mas, como vimos, a *parresia* não é uma questão de demonstração da verdade. O professor fala e deve falar verdade, mas, como ele tem autoridade com relação aos alunos ou sua audiência, os riscos são menores ou são minorados por sua posição proeminente. Então, *não* temos *parresia* quando o falante ocupa posição de maior poder que seu interlocutor. Pelo contrário, aquele que fala a verdade tem sempre menos poder do que seu interlocutor. É uma condição de dizer a verdade, tem de haver um degrau social ou de *status*: o falante tinha de provocar a ira do interlocutor, pois a verdade que ele profere atinge a própria posição de poder de quem a ouve. Pela mesma razão, a *parresia* é pouco praticada por aqueles que estão *por cima*; aqueles que têm algum poder, certamente, podem falar a verdade, mas pouco arriscam com isso. A verdade sempre vem *debaixo*, daquele que está em posição de inferioridade.

Com todas essas características principais, a atividade de falar a verdade tem um efeito pragmático. É que sua prática não significa apenas que os interlocutores mudam sua opinião, pois eles mudam também seu modo de vida. Sendo assim, só se pode dizer que temos uma verdade, no sentido grego da *parresia*, quando a verdade tem um efeito prático sobre a conduta da vida, quando a verdade dita, que contraria ou provoca a ira do interlocutor, leva a outro conhecimento ou a uma verdade para além daquela que fora colocada em xeque.

Cremos que uma breve análise documental poderia ilustrar e evidenciar o que estamos discorrendo acerca da *parresia* na obra de Michel Foucault. Em um dos livros canônicos do cristianismo, *Atos dos Apóstolos*, escrito no fim do primeiro século da Era Cristã, a palavra *parresia* aparece três vezes apenas no capítulo quarto. Pedro e João curaram um homem que tinha deficiência física (Atos 3:1-10) e o fato causou um alvoroço entre as autoridades religiosas (Atos 4:1-4). Os apóstolos foram presos e levados diante do Sinédrio, a principal instituição política e religiosa do judaísmo antigo, para prestar esclarecimentos acerca do que estavam fazendo (curando pessoas com deficiências físicas) e ensinando (dizendo que realizavam curas pelo poder de Jesus ressuscitado) publicamente.

A cena do capítulo quarto é muito interessante, pois temos frente a frente pessoas com *status* muito distintos: de um lado (Atos 4:5), autoridades (αρχων), anciãos (πρεσβυτερος) e escribas (γραμματευς); de outro (Atos 4:13), Pedro e João, pessoas iletradas (αγραμματος) e incultas (ιδιωτης). No primeiro grupo temos autoridades políticas de destaque, membros do prestigiado Sinédrio, assim como técnicos especializados em escrita e interpretação dos textos sagrados. No segundo temos duas pessoas que recebem dois qualificativos depreciativos, pois não haviam estudado e, portanto, não haviam conquistado "habilidades em qualquer arte" (STRONG, 2006). Encontramos aqui uma condição fundamental para a existência da *parresia*, que é a assimetria social – pessoa(s) de posição social inferior ousa(m) defender sua(s) verdade(s) diante de outra(s) que possui(em) uma posição muito superior, bem como sofrer as consequências do que dizem.

As próprias autoridades políticas e religiosas ficam admiradas em ver a *parresia* dos apóstolos exatamente pelo fato de serem iletrados e incultos (Atos 4:13). Podemos definir a expressão grega παρρησια nesse contexto como "liberdade em falar, franqueza na fala" ou ainda como "confiança aberta e destemida, coragem entusiástica, audácia, segurança" (STRONG, 2006). A falta de instrução ou conhecimento não é empecilho para que proclamem a verdade, pois não se trata de uma verdade epistemológica, algo que um sujeito desvenda através da pesquisa erudita guiada por métodos rigorosos, mas de uma verdade ética, o que significa que o que está em questão é a coerência entre o que se crê e o que se diz, independentemente das consequências e dos riscos que isso possa acarretar.

O desfecho dos acontecimentos mostra os apóstolos sendo intimidados a parar de fazer, falar e ensinar acerca do que acreditam, mas a resposta deles às autoridades de seu tempo é muito ousada: "Julgai se é justo diante de Deus ouvir-vos antes a vós outros do que a Deus; pois nós não podemos deixar de falar das coisas que vimos e ouvimos" (Atos 4:19,20, ARA). Na continuidade do capítulo quarto, Pedro e João são soltos debaixo de severas ameaças de castigos. Estando soltos, procuram a companhia da comunidade cristã primitiva e narram o que lhes sucedera. Juntos começam a orar "unânimes" e fazem uma petição a Deus muito curiosa: "agora, Senhor, olha para as suas ameaças e concede aos teus servos que anunciem com toda a intrepidez [παρρησια] a tua palavra" (Atos 4:29, ARA). Na continuidade da oração da comunidade cristã primitiva, algo "sobrenatural" é narrado pelo autor do livro de *Atos dos Apóstolos*: "Tendo eles orado, tremeu o lugar onde estavam reunidos; todos ficaram cheios do Espírito Santo e, com intrepidez [παρρησια], anunciavam a palavra de Deus" (Atos 4:31, ARA).

Voltemos a partir de agora ao nosso ponto de partida, ou seja, à questão de que a *parresia* envolve conteúdos concretos nos quais se pode entender o sentido histórico na acepção foucaultiana. Para tanto, recorreremos à caracterização histórica que fazia Foucault a respeito de *falar a verdade* no cristianismo. Em uma linhagem de morais, na qual se inclui o cristianismo, o corpo é entendido como lugar do desejo como força natural que precisa ser regrada, neste caso, as práticas visam menos ao autogoverno e mais à proteção contra a violência do prazer, de forma que os modos de subjetivação são codificados. Essas morais, indica Foucault, têm uma feição jurídica, pois nelas vige

> [...] o código e [...] sua capacidade de cobrir todos os comportamentos [...], de modo que sua importância deve ser procurada do lado das instâncias de autoridade que fazem valer esse código, que o impõem à aprendizagem e à observação, que sancionam as infrações; nessas condições, a subjetivação se efetua, no essencial, de uma forma quase jurídica (FOUCAULT, 1984, p. 29).

Em outro tipo de moral, o corpo é entendido como lugar onde o prazer é uma potência que pode ser organizada através de práticas de si, de tal modo que sua maneira de subjetivação é o autogoverno. Nesse caso, o prazer não é mais tomado como uma energia natural a ser regrada, mas como uma potência que pode ser gerida e conservada. Nestas morais, diz Foucault, "o elemento forte e dinâmico deve ser procurado nas formas de subjetivação e nas práticas de si" (FOUCAULT, 1984, p. 30), pois são eles campos de experimentação para a conquista do autogoverno.

Da oposição entre esses dois tipos de moral advém a separação, segundo Foucault, entre o "corpo-prazer" e o "corpo-carne" (FOUCAULT, 2001, p. 190). Em termos gerais, o corpo-prazer, característico das morais cuja ênfase se dá sobre as "práticas que permitam transformar o próprio modo de ser" (FOUCAULT, 1984, p. 30), coincide historicamente com a Antiguidade greco-romana (pagã), ao passo que as morais do corpo-carne, definidas pelo código, correspondem ao cristianismo. No entanto, alerta Foucault, "entre elas houve justaposições, por vezes rivalidades e conflitos, e por vezes composição" (FOUCAULT, 1984, p. 30). Para sermos mais precisos, em cada período histórico, o que permite separar o amálgama das duas linhagens da moral é a relação com a verdade, pois a "questão das relações entre o uso dos prazeres e o acesso à verdade" (FOUCAULT, 1984, p. 201 e 214) surge dentro da moral grega (*parresia)*, mas dá o acesso a morais baseadas no código, como a cristã, quando o que passa a ser problematizado, afirma Foucault, não é mais o "prazer, com a estética de seu uso, mas o desejo, com sua hermenêutica purificadora" (FOUCAULT, 1984, p. 221). O uso dos prazeres se tornaria ainda mais austero, nos dois primeiros séculos de nossa era, em função do aprofundamento da relação do prazer com a verdade, a qual, enfim, torna as práticas de si associadas ao "conhecimento de si", embora essas restrições ainda estejam muito distantes de uma moral francamente prescritiva (FOUCAULT, 1985, p. 45-47, 71-73; FOUCAULT, 1997, p. 119-130).

Se é verdadeiro, por um lado, que o cristianismo é determinado por uma moral prescritiva ou de código, deixando pouco espaço para a elaboração do autogoverno, não deixa de ser verdadeiro, por outro lado, que as práticas cristãs, geralmente relacionadas com o cristianismo primitivo ou seitas minoritárias, seguiram uma moral da experimentação baseada no autogoverno. Exatamente, no cristianismo, a predominância de um tipo de verdade convive com o poder de mudança característico de *falar a verdade*, conferindo ao sentido histórico do cristianismo certa multiplicidade.

Com efeito, para Foucault, o sentido histórico de um fenômeno somente aparece em sua plenitude quando sua verdade contém uma descontinuidade que a define. E essa afirmação, válida para os textos do último Foucault, é ratificada por suas pesquisas da fase francamente genealógica. Por exemplo, Foucault analisou exaustivamente que discursos híbridos (por exemplo, direito penal e psiquiatria), por força combinados devido à lógica de imbricação de diagramas históricos vigentes (por exemplo, bio-poder e disciplina), tornam a história descontínua sensível e documentada, pois o que caracteriza o sentido histórico é sempre o ineditismo do dado discursivo e a evidência do corpo ao qual ele se aplica, a contrapelo da platitude testemunhal do documento. Então, o problema da descontinui-dade do sentido histórico permanece na temática tardia da *parresia* como elemento de uma moral baseada nas práticas de si que aparece em morais de código, como a cristã.

Referências

FOUCAULT, M. A hermenêutica do sujeito. In: *Resumo dos cursos do Collège de France (1970-1982)*. Rio de Janeiro: Zahar, 1997.

FOUCAULT, M. *História da sexualidade I*: a vontade de saber. 14. ed. Rio de Janeiro: Graal, 2001.

FOUCAULT, M. *História da sexualidade II*: o uso dos prazeres. Rio de Janeiro: Graal, 1984.

FOUCAULT, M. *História da sexualidade III*: o cuidado de si. Rio de Janeiro: Graal, 1985.

FOUCAULT, M. Discourse and truth: the problematization of parrhesia. 6 lectures given by Michel Foucault at the University of California at Berkeley, Oct–Nov. 1983. Disponível em: <http://foucault.info/documents/parrhesia/>. Acesso em: 25 out. 2009.

PEIRCE, C. S. *Collected papers of Charles Sanders Peirce*. (CP) Ed. by C. Hartshorne & P. Weiss (v. 1-6); A. Burks (v. 7-8). Cambridge, MA: Harvard University Press, 1931-1958. 8 v.

PEIRCE, C. S. *The New Elements of Mathematics*. (NEM) Ed. by Carolyn Eisele. Haia; Paris: Mouton Publishers; Atlantic Highlands, NJ: Humanities Press, 1976, 4 v. in 5.

SAYÃO, L. A. T. *Novo Testamento trilíngue*: grego, português e inglês. São Paulo: Vida Nova, 1998.

STRONG, J. Léxico hebraico, aramaico e grego de Strong. In: *Biblioteca digital da Bíblia*. Barueri: SBB, 2006. 1 CD-ROM.

Capítulo 9

A pastoral do silêncio: Michel Foucault e a dialética entre revelar e silenciar no discurso cristão

Durval Muniz de Albuquerque Júnior

A *Carta aos Bispos da Igreja Católica sobre o atendimento pastoral das pessoas homossexuais* é um documento elaborado pela Congregação para a Doutrina da Fé, publicado em 1986, quando o cardeal Joseph Ratzinger, atual papa Bento XVI, exercia a sua direção, ocupando o cargo de prefeito. Vemos nele o funcionamento do poder pastoral em todo o seu esplendor. Observe-se o trecho a seguir, que corresponde ao item 3 da *Carta*:

> Já na "*Declaração acerca de algumas questões de ética sexual*", de 29 de dezembro de 1975, a Congregação para a Doutrina da Fé tratava explicitamente deste problema. Naquela Declaração, salientava-se o dever de procurar compreender a condição homossexual e se observava que a culpabilidade dos atos homossexuais deve ser julgada com prudência. Ao mesmo tempo, a Congregação levava em consideração a distinção feita comumente entre a condição ou tendência homossexual, de um lado, e, do outro, os atos homossexuais. Estes últimos eram descritos como atos que, privados da sua finalidade essencial e indispensável, são "intrinsecamente desordenados" e, como tais, não podem ser aprovados em nenhum caso (cfr. n. 8, § 4).
>
> Entretanto, na discussão que se seguiu à publicação da Declaração, foram propostas interpretações excessivamente benévolas da condição homossexual, tanto que houve quem chegasse a defini-la indiferente ou até mesmo boa. Ao invés, é necessário precisar que a particular inclinação da pessoa homossexual, embora não seja em si mesma um pecado, constitui, no entanto, uma tendência, mais ou menos acentuada, para um comportamento intrinsecamente mau do ponto de vista moral. Por este motivo, a própria inclinação deve ser considerada como objetivamente desordenada.

Aqueles que se encontram em tal condição deveriam, portanto, ser objeto de uma particular solicitude pastoral, para não serem levados a crer que a realização concreta de tal tendência nas relações homossexuais seja uma opção moralmente aceitável (Congregação para a Doutrina da Fé, 1986).

Ao fazer a analítica histórica das práticas de poder, Michel Foucault considerou o poder pastoral os primórdios da racionalidade política no Ocidente e alertou para o fato de que essa forma de exercício do poder não foi simplesmente substituída quando do advento do Estado Moderno, mas incorporada e ressignificada por ele, articulando-a à nova racionalidade jurídica, política e médica (Foucault, 2001, p. 221-254).

No curso que ministrou no Collège de France entre 1974-1975, intitulado *Os anormais*, Michel Foucault procurou mostrar o assustador parentesco entre as práticas da psicologia, da psiquiatria, notadamente da psiquiatria forense, que se afirmou a partir do século XIX, com as práticas que compunham o poder pastoral, agora deslocadas de seus lugares institucionais e ressignificadas pelos deslocamentos de sentido que sofrem no interior de novos saberes como a medicina legal e o direito e em novos espaços disciplinares como o manicômio, a prisão, o hospital, a escola. Esses espaços teriam nos mosteiros, onde se desenvolveram as técnicas e saberes que deram forma ao poder pastoral, seu modelo de funcionamento (Foucault, 2001, p. 173-210). Não é, portanto, surpresa que no interior da Igreja Católica, que no interior do cristianismo, em suas várias formas de organização institucional contemporâneas, essa modalidade de poder continue funcionando. Ainda mais no interior de uma instituição cuja estrutura de poder e organização hierárquica vêm assimilando sempre com muita resistência as mudanças históricas que se dão a sua volta.

Como o próprio título do documento enuncia, trata-se de reafirmar a centralidade da relação entre pastores, representados pelos bispos de todo o mundo católico, e seus rebanhos, no caso uma parte desgarrada do rebanho ou, podemos dizer, um rebanho de ovelhas negras que devem ser procuradas, devem ser cuidadas, devem ser recolhidas ao aprisco da instituição católica. Foi esse exercício do poder que toma o governo de um rebanho, que faz o pastor ser responsável por cada ovelha que o compõe, que atribui ao pastor a responsabilidade de não deixar nenhuma delas se perder, desviar-se do caminho, que comparte com elas cada um de seus pecados, que Foucault chamou de poder pastoral. Caberia aos bispos, como pastores, estabelecer uma relação de cuidado, de atendimento, de acompanhamento em relação a todas as suas ovelhas, tendo especial desvelo com aquelas que teimam em abandonar o rebanho, com aquelas ovelhas tresmalhadas.

O poder pastoral implica, ao mesmo tempo, uma relação individual e total com o rebanho, em cuidá-lo em conjunto sem se descurar com o que se passa com cada um de seus componentes. O pastor deve conhecer o que se passa no íntimo de suas ovelhas, daí por que o poder pastoral tenha dado origem, inicialmente, em comunidades monásticas, a práticas como a da confissão, do exame e direção de consciências. A dificuldade de massificar essas práticas tem sido um problema para a Igreja Católica à medida que surgiram as sociedades de massa, que surge o fenômeno da população, já que foram elaboradas e pensadas para pequenas comunidades, tendo de ser adaptadas hoje, por exemplo, ao uso dos meios de comunicação.

O poder pastoral se exerce, pois, como discutirá Foucault, como arte de se guiar rebanhos, e não, como vai pensar os gregos, como a arte da política, que seria a arte de tecer relações e saberes que constituem a *polis*. Enquanto o político cuida de um território, o pastor cuida de um rebanho composto de elementos dispersos, que devem ser arrebanhados e cuidados em cada um de seus componentes (FOUCAULT, 1994, p. 229-230). Daí por que Foucault vai colocar o poder pastoral e suas técnicas e práticas na base da emergência dos processos de individuação que no Ocidente fará emergir o indivíduo como a principal figura de sujeito.

Fazer a história do poder pastoral para Foucault se inscrevia em sua busca por fazer a história das formas de sujeição e subjetivação que conduziram à emergência das figuras de sujeitos dominantes na modernidade ocidental, entre elas a figura do indivíduo. Práticas como a da confissão e do exame de consciência, se bem que apoiadas em práticas já existentes nas sociedades da Antiguidade, como procurará mostrar em dois volumes da *História da sexualidade*, farão do cristianismo e do monasticismo pontos de mutação e de afirmação de práticas fundamentais para entendermos a emergência do indivíduo como principal figura de sujeito no Ocidente. Como o poder pastoral é aquele que quer conduzir condutas, como deixará claro o documento citado no início deste texto, ele dedicará especial atenção aos atos, aos comportamentos, e incitará cada membro do rebanho a observar aquilo que faz, a voltar um olhar sobre si, a examinar a si mesmo, às suas práticas, aos seus pensamentos, aos seus desejos, levará a que cada componente do rebanho se veja e se assuma como responsável pelo descaminho ou pela chegada a bom termo de todo o rebanho.

É nesse contexto que o pastor vem a se tornar um diretor de consciências, alguém que deve estar pronto a ouvir a confissão, a mais íntima e pecaminosa que seja, de cada um de seus dirigidos, a quem deve aconselhar e dirigir no sentido de seguir as boas práticas, as práticas que os levem à salvação e não à danação. Esse poder pastoral exigirá a obediência daquele que tem a sua consciência dirigida a seu diretor, a obediência entendida como submissão total do discípulo ao mestre (CASTRO, 2009, p. 323-334). Daí por que a Igreja Católica terá uma enorme dificuldade de lidar com o mundo moderno, onde, por uma ironia da história, o indivíduo que ela ajudou a formar passará a reivindicar o direito à liberdade de suas ações.

Ao lermos o documento citado no início, o que vemos é uma instituição que ainda exige a obediência absoluta a seus dogmas e preceitos, que tem dificuldade em aceitar as consequências daquilo que é um fundamento filosófico do mundo moderno ocidental: a ideia da liberdade individual como um direito natural de cada homem e mulher, embora em dada passagem do texto se diga que a Igreja "não limita, antes pelo contrário, defende a liberdade e a dignidade da pessoa, compreendidas de um modo realista e autêntico". Claro que não ficamos sabendo o que é essa defesa da liberdade de um modo realista e autêntico, talvez essa defesa leve, parece-me, à limitação da própria liberdade, que afinal sabemos não existe em abstrato, somente vivida em práticas concretas, tal como pensou o próprio Foucault (1994, p. 710-712).

O que podemos contestar e do que podemos discordar, o que fazemos aqui, é, justamente, sobre as concepções de liberdade, realidade e dignidade defendidas pela Igreja, por isso seria importante que as explicitasse, mas o discurso para crianças não o permite fazê-lo. Como o poder pastoral responsabiliza o pastor pelos descaminhos do rebanho, como ele é responsável por seus pecados, como não deve ser com eles condescendentes, alerta o documento, os bispos não podem ter para com os homossexuais um comportamento de complacência, nem ver com benevolência essas práticas, não podem aceitá-las em nome do direito à liberdade individual ou do direito à intimidade, outra instituição moderna que não faz nenhum sentido para um poder pastoral que, como vimos, se baseia na necessária confissão, na indispensável obrigação de revelar o que não só o indivíduo andou praticando, como o que andou pensando e desejando.

Essa obrigação de se revelar, de dizer o que ia no íntimo de cada um para o confessor, que tinha, por sua vez, a obrigação de manter o revelado em segredo, faz da prática da confissão e do poder pastoral um misto de obrigação de revelar e de silenciar. Romper o silêncio sobre o que foi confessado na intimidade de um confessionário representa um pecado e uma violação moral grave tanto para quem ouve a confissão quanto para quem a realiza. No entanto, Foucault, na esteira de Nietzsche, vai localizar nessa prática a emergência do imperativo de dizer a verdade e a valorização da verdade nas sociedades ocidentais modernas, bem como a articulação específica entre saber e poder que dá origem à modernidade (Castro, 2009, p. 82-84).

Perscrutar a verdade de si, buscar tomar consciência de sua verdade mais íntima, foi o que possibilitou o surgimento de instituições e saberes modernos como o romance, como a psicologia, a psicanálise, a psiquiatria, todas as práticas voltadas para a individuação, para a construção de corpos e subjetividades singulares em relação a um todo. Esta é a contradição contemporânea do exercício do poder pastoral, que se localiza em seu próprio funcionamento, ter de emitir mensagens, propor códigos de conduta, estabelecer regras morais e éticas, prescrever comportamentos e atitudes, para todo um rebanho que, como antes, é formado de distintas ovelhas, mas que agora, imbuídas da ideia de liberdade individual, não se conformam a esses preceitos facilmente.

Foi a partir das formulações feitas pelo liberalismo, desaguadouro dessas técnicas de si e do processo de individuação ocorrido no Ocidente, liberalismo entendido como Foucault (2008) o entende, não simplesmente como ideologia, não simplesmente como modo de representação do social, mas como um conjunto de práticas, como um conjunto de regras que incitam a ação, a ação livre apoiadas apenas nos interesses e nos direitos individuais, que o conflito entre o catolicismo, seus modelos de subjetividades e os modelos de sujeito propostos pelos saberes modernos se acirra.

A Igreja Católica sempre conviveu mal com o liberalismo, uma vez que seu poder pressupõe a existência de um poder maior e soberano, o poder de Deus, em nome do qual ela pretende falar e existir. Se lermos todo o documento supracitado, veremos que a Igreja Católica tem dificuldade de aceitar o que chama de "relativismo contemporâneo", pois ela enuncia verdades que pretende que sejam absolutas, pois advoga que seu discurso é o discurso de Deus, um absoluto, cujas verdades, mesmo insondáveis, não podem ser contestadas. A queda das monarquias absolutistas, o declínio das práticas de poder assentadas na ideia de soberania, tal como narra Foucault em várias de suas obras, a ascensão das práticas de poder disciplinares e a emergência da biopolítica, embora sejam desdobramentos, talvez não desejados, do poder pastoral, causaram para a Igreja Católica um enorme desconforto, porque seu discurso institucional se baseava na visão absoluta de Deus e de suas verdades e na soberania que Ele e a Igreja, em Seu nome, deviam exercer sobre todos os poderes e seres temporais.

A *Carta aos Bispos* de 1986 se fundamenta em noções como tradição, vista como algo que atravessa os tempos, e não como pensamos hoje, como algo inventado historicamente, e verdade sagrada, como algo incontestável vinda do próprio Deus, manifesta por Sua Palavra, presente na Bíblia e sob a interpretação exclusiva da Igreja, ponto de discórdia central com as igrejas protestantes. Essas concepções fazem da Mensagem, grafada com maiúsculas, da Igreja um discurso incontestável, ao qual só resta aos indivíduos seguir, abrindo mão de sua liberdade de pensar, de raciocinar e de agir por si mesmos, atributos essenciais da forma como foi pensado o Homem no mundo moderno.

Sabemos que à universalidade do poder de Deus e por corolário do poder da Igreja e, portanto, de seus saberes e de suas verdades, o pensamento moderno, notadamente com o Iluminismo, consagrará o poder do Homem, visto também como uma entidade universal, e de seu pensamento, advogando a liberdade individual, a liberdade de pensamento, de expressão e de ação como direitos inalienáveis dos seres humanos (Cassirer, 1997). Essa visão crescentemente individualista dos homens se choca com a visão comunitarista e totalitária porque totalizante da Igreja Católica. Vejamos o item 12 do documento, no qual essas formulações ficam explícitas:

> Certamente, a Igreja de hoje proclama o Evangelho a um mundo bastante diferente do mundo antigo. Por outro lado, o mundo no qual foi escrito o Novo Testamento estava já consideravelmente mudado, por exemplo, quanto à situação na qual foram escritas ou redigidas as Sagradas Escrituras do povo judeu.

> Deve-se ressaltar todavia que, embora no contexto de uma diversidade notável, existe uma evidente coerência no interior das mesmas Escrituras no que diz respeito ao comportamento homossexual. Por isto, a doutrina da Igreja acerca deste ponto não se baseia apenas em frases isoladas, das quais se podem deduzir argumentações teológicas discutíveis, e sim no sólido fundamento de um testemunho bíblico constante. A atual comunidade de fé, em ininterrupta continuidade com as comunidades judaicas e cristãs no seio das quais foram redigidas as antigas Escrituras, continua a alimentar-se com aquelas mesmas Escrituras e com o Espírito de Verdade do qual elas são a Palavra. É igualmente essencial reconhecer que os textos sagrados não são realmente compreendidos quando interpretados de um modo que contradiz a vigente Tradição da Igreja. Para ser correia, a interpretação da Escritura deve estar em acordo efetivo com esta Tradição.

> A esse respeito, assim se exprime o Concílio Vaticano II: "É claro, pois, que a Sagrada Tradição, a Sagrada Escritura e o Magistério da Igreja, por sapientíssima disposição de Deus, são entre si tão relacionados e unidos, que não podem subsistir independentemente, e todos juntos, segundo o modo próprio de cada um, sob a ação de um só Espírito Santo, contribuem eficazmente para a salvação das almas" (Dei Verbum, n. 10). À luz dessas afirmações aqui se delineia sucintamente o ensinamento da Bíblia sobre a matéria.

Como Foucault (2001) apontará longamente em Os anormais, o poder pastoral, assim como ocorrerá com o poder médico-judiciário, tende a transformar os sujeitos a quem dirige seus discursos em crianças, daí o caráter pueril e infantil de muitas de suas formulações. Ao lermos essa Carta aos Bispos, em vários momentos os homossexuais são tratados como crianças peraltas, como crianças que não sabem direito o que fazem e o que querem de suas vidas, precisando urgentemente de quem os oriente.

A Igreja Católica continua tendo a família como a instituição modelar e nuclear na sociedade e suas formulações parecem sempre assombradas pelas relações pais-filhos, até porque assim é proposta a relação entre Deus e os humanos. Eles parecem sempre discursar para pirralhos que merecem umas reprimendas, pelas coisas erradas que fazem, sem saber direito o que fazem e por que agem assim. A pastoral dos bispos católicos deveria, pois, enfatizar o esclarecimento, mesmo tendo a punição como horizonte, a educação, o cuidado, a atenção, a pregação da verdade que esses infantes devem conhecer.

Michel Foucault (2001, p. 44-47) também vai chamar a atenção para o caráter grotesco, ubuesco de muitas das formulações, de muitas das noções e conceitos que serviam para articular o discurso da medicina legal, dos peritos em psiquiatria forense. O exercício grotesco ou ubuesco do poder é aquele que desqualifica o próprio agente que o exerce. Embora muitas vezes possa convocar o riso, e ao lermos esta *Carta* de Ratzinger não podemos segurar o riso diante de algumas noções que sustenta seu discurso – que analisaremos logo a seguir –, as consequências desses discursos são muito sérias e palpáveis, uma vez que infantilizam os sujeitos aos quais se dirigem e desculpam quem exerce o poder discricionário, a quem aspira ao exercício da soberania arbitrária, desculpam a burocracia administrativa pelo seu histrionismo, por sua bufonaria solene e enfatuada, ritualizada.

Diz Foucault (2001, p. 15) que "o poder político, pelo menos em certas sociedades, em todo caso na nossa, pode se atribuir, e efetivamente se atribuiu, a possibilidade de transmitir seus efeitos, num canto, que é manifestamente, explicitamente, voluntariamente desqualificado pelo odioso, pelo infame ou pelo ridículo". Para Foucault o caráter grotesco do poder afirmava a sua incontornabilidade, sua inevitabilidade, que pode funcionar com todo rigor e de modo racional, mesmo nas mãos de alguém desqualificado. Embora saibamos da erudição e saber teológico e filosófico, do conhecimento das ciências humanas e sociais que tinha o formulador desse documento, a puerilidade de seus argumentos e a infantilidade dos conceitos que maneja só podem nos levar a pensar no caráter ubuesco do poder exercido por uma instituição que parece estar sempre em descompasso com o mundo em que vivemos, instituição tão reativa e reacionária que seu discurso beira ao grotesco.

Vejamos quais os conceitos que sustentam o discurso da Igreja Católica sobre a homossexualidade, inteiramente presentes nessa *Carta aos Bispos*. O texto de saída declara que a abordagem que fará do que chama de "problema da homossexualidade" se apoiará nas concepções da moral cristã e nos "resultados seguros das ciências humanas". Formulação que nos alerta para o fato de que leremos um discurso fundado em preceitos morais, portanto, um texto moralizante, e que pressupõe ter as ciências humanas "resultados seguros", portanto, verdades fixas e definitivas, que suponho sejam aquelas aceitas pela instituição.

Essas verdades científicas, fruto do uso da razão humana, estariam iluminadas, no caso da Igreja, pela fé, fazendo-a ter condições de transcender-lhes os horizontes. Ou seja, a categoria fé fundamenta a aceitação ou não de dadas verdades científicas pela instituição, que teria assim uma visão mais completa da condição humana, pois não se ateria apenas ao corpo, mas ao espírito. Aqui se delineia a presença da visão negativa do corpo presente no interior do pensamento cristão, que comentaremos mais à frente, em sua relação com a noção de carne, estudada por Foucault nos últimos anos de sua vida (Castro, 2009, p. 68-70). Após afirmar que a Bíblia tem algo a dizer sobre o homossexualismo, cometendo um anacronismo explícito, no texto declara-se que essas verdades bíblicas sobre essa prática permanecem válidas hoje, mesmo diante de todas as mudanças culturais que ocorreram desde que foram formuladas, combatendo o que seria um dos males do nosso tempo: o relativismo cultural.

O primeiro argumento para uma condenação das práticas homossexuais remete ao que chama de "teologia da criação", que parece repor a tese criacionista mesmo tendo a Igreja Católica, oficialmente, aceito a teoria da evolução das espécies. Deus teria criado o homem como varão e a mulher, por isso os seres humanos seriam "criaturas de Deus chamadas a refletir, na complementaridade dos sexos, a unidade interna do Criador". Eles realizariam essa função, de modo singular, quando, "mediante a recíproca doação esponsal", cooperariam com Deus na transmissão da vida. Aqui vemos reafirmado um dos dogmas seculares do catolicismo e do cristianismo: a ideia de que o sexo existe destinado exclusivamente à procriação, que embora Deus tenha colocado prazer no sexo, possivelmente para atrair machos e fêmeas para a procriação, esse prazer está vedado se não realizado no interior do matrimônio, que se tornará, a partir do século IX d.C., um sacramento.

O prazer pelo prazer daria origem ao pecado da luxúria, o que faria de todas as práticas sexuais homossexuais, porque não procriativas, contrárias à natureza humana. Elas seriam uma das manifestações e consequências da queda, que fez os homens se apartarem de seu Criador e se alienarem de sua origem divina, origem que impõe certos limites e deveres ao existir humano. A introdução do pecado no mundo teria encoberto o que o texto chama de "significado esponsal dos corpos humanos". Significado esponsal: primeiro conceito do reino de Ubu a aparecer no texto. Ele é de um vazio monumental, no entanto é apresentado como se todos soubessem de seu significado, ele parece mais um jogo de palavras do que algo que possa remeter a qualquer reflexão conceitual mais elaborada. Nossos corpos nasceriam destinados a ser esposos, a ser atados ao corpo considerado oposto, correto. Sodoma seria resultado do obscurecimento desse significado esponsal dos corpos pelo pecado.

Em seguida, numa manipulação clara das próprias Escrituras, o texto vai remeter à famosa e repetida passagem do *Levítico* (18, 22 e 20, 13), em que segundo o texto haveria a condenação moral do homossexualismo quando o Autor, ao indicar quem seriam aqueles dignos de pertencer ao povo de Deus, exclui os que teriam um comportamento homossexual. Além dos anacronismos, a Igreja e o texto terão de lidar com uma dificuldade, da qual trataremos logo adiante: que Deus é esse que é o Criador de todas as criaturas, mas que exclui algumas de seu povo? Que sádico e cruel Deus é esse que cria a sua imagem e semelhança criaturas que depois não reconhece como pertencendo a seu povo?

O cerne da argumentação do texto e as distinções conceituais que ele promove visam dar respostas a essas questões teológicas e filosóficas. O tempo todo fará explicitamente a distinção entre "condição homossexual" e "comportamento ou práticas homossexuais". Operando um deslizamento nas teses criacionistas que parece ainda esposar em alguns momentos do texto, a *Carta aos Bispos* trata de fazer inclusive uma distinção entre a condição homossexual como não intrinsecamente pecaminosa, o que seria um avanço no discurso da Igreja – embora, como veremos mais tarde, o texto termine por se contradizer – e os atos homossexuais reafirmados como pecaminosos.

Aproximando-se ainda do discurso sobre a sodomia, a Igreja Católica tende a assentar sua atenção sobre as "práticas homossexuais", embora introduza a noção advinda das ciências humanas contemporâneas de "condição homossexual". Como sabemos, o sodomita se definia por suas práticas, a sodomia não constituía uma condição, um ser mesmo do indivíduo. Será o conceito médico da homossexualidade que introduzirá, já em pleno século XIX, a ideia da existência de seres constitutivamente homossexuais, discutindo-se o caráter biológico ou psicológico dessa constituição (BROWN, 1990).

Essa distinção vai ser usada para reler o que define como tradição bíblica, chamando a atenção para passagens como a da Carta de São Paulo aos romanos, na qual ele teria explicitamente condenado os "atos homossexuais" (cfr. *1 Tm* 1, 10). Nessa carta Paulo chamaria a atenção para a "desarmonia das relações homossexuais", sendo elas fruto da "cegueira em que caiu a humanidade após o pecado original", alertando ainda que o "comportamento homossexual" seria produto dos excessos no campo moral e da idolatria nascidos da quebra da harmonia original entre Criador e criatura. Aqui mais uma pérola do discurso ubuesco: "desarmonia das relações homossexuais". E por que seriam elas desarmônicas? Se são desarmônicas, o que seria o harmônico nas relações sexuais ou entre as pessoas? Existem relações inteiramente harmônicas entre os homens?

Qual o critério aqui levado em conta? Seria o critério da natureza? Mas aí cairíamos na aporia de um Criador perfeito que cria seres de sua mesma natureza imperfeitos, um ser harmônico que origina seres desarmônicos. Seriam desarmônicas do ponto de vista cultural, ético ou moral? Logo, essas desarmonias são não só passíveis de discussão, mas de superação pelos próprios homens.

Afirma então o caráter imoral das práticas homossexuais, por estas contrariarem o que seria uma prescrição divina, mas cuja história da própria Igreja mostra ser bem humana, que os atos sexuais só seriam aceitáveis no interior do matrimônio, visando à procriação. Tanto o matrimônio como a geração de filhos estariam inscritos no campo da autodoação, que seria a essência mesma da vida cristã e da qual estariam excluídos os homossexuais. Imediatamente o texto ensaia uma justificativa para uma afirmação que faria dos homossexuais seres incapazes de generosidade e introduz uma explicação baseada em conceitos tão pueris, tão infantis e vagos, que merece ser citada na íntegra: "Não quer dizer que as pessoas homossexuais não sejam frequentemente generosas e não se doem, mas quando se entregam a uma atividade homossexual, elas reforçam dentro delas mesmas uma inclinação sexual desordenada, caracterizada em si mesma pela autocomplacência".

Gravem bem esta pérola de conceito ubuesco, pois ela será o cerne de toda a reflexão daí para frente: a "inclinação sexual desordenada" dos homossexuais e sua "autocomplacência". O que seria uma inclinação sexual desordenada? Não faça esta pergunta incômoda ao texto, ele jamais tratará de explicar. No entanto essa noção obscura, da qual é difícil saber sequer a matriz, parece misturar psicologia de almanaque com simples discurso obscurantista de caráter moral. Ela parece ser apenas a reafirmação ideológica e superficial da ordem heterossexual, vista como uma inclinação ordenada, pois conforme a ordem vigente. Puro discurso conservador disfarçado de discurso filosófico ou teológico.

A adoção da noção de inclinação parece dar ares de modernidade a concepções morais obscurantistas, a arcaísmos que teimam em ser reatualizados em nosso tempo. Apoiado em que tipo de saber, em que tipos de experiência, em que atividades de pesquisa, em que evidências se afirma esse caráter desordenado do desejo homossexual? Na era das ciências, da racionalidade, das ciências dos homens, conviver com enunciados como esse, que não estão amparados senão na fé e no preconceito, quando não na ignorância mais persistente, é intolerável. Um enunciado como esse só desqualifica o saber de quem o emite, dando a seu poder o caráter grotesco do qual falava Foucault. A puerilidade, o infantilismo de uma noção como essa, chama a todos que a ela aderem a retornar à condição de crianças, de infantes que precisam aprender o bê-á-bá. Sabemos todos que, ao sustentar discursos como este, os Papas católicos se candidatam, cada vez mais, ao lugar de bufões de nosso tempo.

Ficamos sabendo então que essa "desordem moral" que é a homossexualidade só pode impedir a "felicidade e a autorrealização" de quem a pratica. Após o uso de três noções bastante rigorosas como "desordem moral", "felicidade" e "autorrealização", quedamo-nos a perguntar o que seria a ordem moral e quem a define? E, segundo o que vem a seguir no texto, e que podemos deduzir por toda sua argumentação, felizes e autorrealizados seriam aqueles que, mesmo tendo uma condição homossexual, não a praticam? Ou a Igreja Católica não consegue vislumbrar a possibilidade de felicidade e autorrealização para os homossexuais? Estaríamos diante do lugar-comum do caráter trágico e infeliz da condição homossexual?

Novamente então voltamos à pergunta incômoda: que qualidade de Deus é esse que cria pessoas destinadas à infelicidade e à não realização? Que Pai bondoso é esse que põe, no mundo, filhos destinados ao sofrimento e à frustração? Mas é impossível fazer estas perguntas no interior de um discurso religioso, pois elas significam se não o questionamento da própria existência de Deus, pelo menos o questionamento de como este é pensado e definido pelo discurso católico e cristão. Significa a problematização do regime de verdade que sustenta esse discurso, verdade que, como deixa claro o item 8 do documento, teria sido revelada à Igreja pelo próprio Deus.

Como então se contrapor a verdades que não seriam da ordem do humano, mas sim da ordem do divino? Essa verdade exclui de saída o próprio humano, ele se torna periférico visto que lhe cabe apenas aceitar e obedecer a essa verdade e à instituição que a encarna e que a proclama em nome de Deus. Embora revelada, esta é uma verdade que de partida silencia a quem se dirige, à medida que nada contra ela se pode dizer porque se sustenta num argumento de autoridade intransponível: a existência de Deus e de sua vontade discricionária e insondável, inquestionável. Quem discrepa dos documentos da Igreja imediatamente se encontra fora da verdade ou contra ela, mesmo aqueles que de dentro da própria instituição se solidarizam com a causa homossexual, pois manifestariam de forma inconsciente o que a Igreja nomeia de "ideologia materialista", que negaria a natureza transcendente da pessoa humana, bem como a vocação sobrenatural de cada indivíduo. Portanto, a Igreja, cônscia de suas verdades, deveria orientar os homossexuais para não acreditarem naqueles que buscam criar confusão quanto à posição da instituição.

Em seguida no documento afirma-se que a posição do catolicismo quanto à homossexualidade não constitui uma forma injusta de discriminação, o que nos faz pressupor que deve haver formas justas de discriminação, talvez a aplicada ao caso em tela. Posiciona-se então contrariamente aos católicos que apoiam a luta pelo reconhecimento civil e público de direitos para os homossexuais; condena os Estados que promovem legislações que reconhecem direitos à comunidade homossexual, deixando claro o caráter político e de luta pelo poder desse discurso, não só em relação à emergência das organizações de luta por direitos aos homossexuais, mas em relação aos próprios Estados Nacionais.

Enquanto o movimento homossexual organizado, desde a década de 1960, tratou de tornar a questão da homossexualidade uma causa pública, retirando-a das sombras do que se definia como vida íntima ou privada, dando a ela um caráter de luta por direitos, a Igreja Católica e várias outras denominações religiosas cristãs tentam, claramente, infundindo noções como as presentes nesse documento, veicular a vergonha, a culpa, a autodepreciação como sentimentos que devem ser subjetivados pelos homossexuais, levando-os a procurar novamente viver na sombra e no anonimato.

Todas as ações e os discursos da Igreja Católica constituem o que podemos nomear de uma pastoral do silêncio, que busca convencer os homossexuais de que sua opção sexual gera – como diz textualmente o documento em análise, lançando mão de outro conceito vago e ubuesco – "ameaça ao bem-estar de grande número de pessoas" e por isso deve ser silenciada. Evidentemente, não peçamos para que conceitue o que é bem-estar, um rigoroso conceito retirado do senso comum mais banal. Lançado em plena emergência da epidemia de Aids, pretensamente sendo uma resposta a ela, esse documento utiliza-se da noção tão em voga de "risco" para caracterizar o que seria "o comportamento homossexual", como se existisse tal coisa genérica e homogênea.

Embora a peça em análise seja um exemplo evidente de violência simbólica contra os homossexuais, o texto se põe a condenar em nome do que chama de "princípios elementares sobre os quais se alicerçam a convivência civil" e do "respeito à dignidade humana" o que seriam "expressões malévolas e ações de violência contra os homossexuais". Quando terminamos de ler o documento podemos, no entanto, nos pôr a pensar o que seria um homossexual digno de respeito para esse discurso cristão e católico? Parece-me ser aquele que evita realizar as práticas homossexuais, aquele que se esconde, que não sai do armário, aquele que não adota a atitude política de revelar-se e muito menos de, organizado em movimento, defender publicamente o que seria um estilo de vida homossexual, considerado no documento uma moda que deveria ser combatida.

O que a Igreja Católica não admite é que o homossexual se torne um sujeito de direitos, um sujeito público e político. Estamos aqui diante do caráter político da produção de subjetividades, da produção de sujeitos tal como tematizada com ênfase por Foucault (2010) e ao longo de toda a sua obra. Aqui se trava uma disputa em torno de que sujeito é legítimo para falar, para produzir saber em nome dos homossexuais. Aqui se trava uma batalha em torno da própria significação do que seria a condição homossexual. Os discursos da Igreja sobre a homossexualidade visam desqualificar a fala e as ações do e, por conseguinte, o sujeito homossexual, como sujeito político, eles visam produzir o silêncio. A Igreja desesperadamente tenta reassumir a centralidade como sujeito de fala em matérias como a moralidade, o matrimônio, a sexualidade, as relações afetivas, a família, centralidade que vem perdendo desde a emergência da modernidade e que a emergência de uma fala *gay* sobre esses temas, a ameaça até do surgimento de uma teologia homossexual, só faz acentuar.

Diante da presença de uma versão homossexual para o cristianismo e a apropriação por esses discursos de conceitos como os de casamento, amor, família, sexualidade, a Igreja reage agressivamente na busca por silenciar tais iniciativas. A "ressemantização" dessas noções pelo discurso *gay* é inaceitável pela Igreja, pois significa a perda da centralidade de sua posição em tais questões. Vejamos um trecho da carta em que o que estou comentando se explicita:

> Todavia, a necessária reação diante das injustiças cometidas contra as pessoas homossexuais não pode levar, de forma alguma, à afirmação de que a condição homossexual não seja desordenada. Quando tal afirmação é aceita e, por conseguinte, a atividade homossexual é considerada boa, ou quando se adota uma legislação civil para tutelar um comportamento ao qual ninguém pode reivindicar direito algum, nem a Igreja nem a sociedade em seu conjunto deveriam surpreender-se se depois também outras opiniões e práticas distorcidas ganham terreno e se aumentam os comportamentos irracionais e violentos.

Ainda que para nós possa parecer estarrecedor, no entanto de forma nada sutil, o que vemos nessa passagem é a Igreja Católica responsabilizando os homossexuais pelas manifestações de preconceito e violência de que possam ser vítimas. Ao saírem às ruas, ao romperem o silêncio, ao se colocarem como sujeitos de direito, ao não assumirem o que chama agora de sua "condição desordenada" – mais uma homenagem a Ubu –, ao não introjetarem a sua condição de menoridade, deixando-se cuidar por padres e bispos paternos e protetores, os homossexuais legitimariam as atitudes de hostilidade que sofrem socialmente.

Não tão subliminarmente assim, o discurso oficial católico justifica e até incentiva a violência contra os homossexuais, pois é em si mesmo uma manifestação de preconceito e uma violência simbólica. Explicitamente, o documento advoga que o homossexual deve se sentir culpado por seus atos. Para que o dispositivo da culpa se instale e o homossexual se elabore como um sujeito culpado e que sente vergonha de sua condição, o documento trata de desqualificar o enunciado advindo do campo contrário, enunciado de cunho naturalista inclusive, de que a homossexualidade não nasceria de uma ação livre e deliberada dos sujeitos homossexuais. Apelando para a "sábia tradição moral da Igreja", enunciado bastante contestável, alerta que podem até ocorrer casos particulares em que as circunstâncias eliminem a culpa dos indivíduos, mas estes seriam casos singulares que não deveriam ser generalizados.

Dever-se-ia evitar a presunção infundada e humilhante – não sabemos para quem – de que o comportamento homossexual resultaria sempre de coação e, portanto, sem culpa. Veja que a culpabilização é o principal dispositivo para a elaboração de subjetividades, para a produção de sujeitos no discurso católico e cristão. Dotados que seriam da "liberdade fundamental que caracteriza a pessoa humana", os homossexuais seriam livres para escolher praticarem ou não a homossexualidade e, por isso mesmo, deveriam admitir serem culpados por suas escolhas, por seu comportamento condenável. É muito interessante perceber que o enunciado da liberdade fundamental da pessoa humana é imediatamente sucedido por afirmações que limitam bruscamente essa liberdade, pois ela só deve ser usada em uma direção: a da obediência aos preceitos cristãos e católicos.

Os católicos são afirmados como livres de forma abstrata, conceitual ou como pressuposto filosófico metafísico, mas essa liberdade não poderia se manifestar no mundo físico, não poderia se manifestar em ações livres de culpa, o que denuncia implicitamente a culpa como um mecanismo de cerceamento da liberdade, de limitação do que seria a nossa liberdade fundamental. Para o documento, a particular dignidade da pessoa humana é dada pelo fato de que pode escolher, pode evitar atitudes reprováveis pela moral cristã. A graça de Deus pode sempre ser invocada para que venha ajudá-lo em não expressar a homossexualidade, libertando-se, assim, do mal. Deus e sua graça colaborariam na imposição da pastoral do silêncio.

*

Ao tratar, em *Os anormais*, do poder médico-judiciário e de como este procede a uma reapropriação do poder pastoral, Foucault vai nos falar dessa particular dialética entre o revelar e silenciar que fundamentava suas práticas, dava-lhe legitimidade, além de se constituir em procedimento de extração de saber (FOUCAULT, 2001, p. 293-335). Desde os dispositivos da confissão, do exame e da direção de consciência presentes no poder pastoral, que por deslizamentos sucessivos darão origem na modernidade à generalização do exame como forma de produção de saber e de exercício do poder na sociedade das disciplinas e da biopolítica, que essa dialética entre o revelar e o calar estará presente, sofrendo o que poderíamos chamar de uma inversão estratégica, já que no cristianismo o segredo era mais importante do que o que se revelava, o que se tornava público. A confissão como dispositivo constituía uma relação particular e de dependência entre aquele que confessava e aquele que ouvia a confissão, da qual deveria guardar segredo. O poder dado ao confessor, que se tornaria com o tempo, entre as elites, o diretor de consciência, nascia do segredo que portava, não do que revelava.

No mundo moderno, o que se revela é aquilo que confere poder, é o resultado do exame que se torna saber e se torna inclusive ciência e, publicado, conferirá poder a quem o veio descobrir. Enquanto o poder da Igreja baseava-se naquilo que guardava em segredo, o poder da burguesia vai se basear na publicidade, na propaganda, no vir a público dizer verdades. Talvez advenha daí a dificuldade do catolicismo em lidar com uma ordem social na qual o imperativo do se revelar, e no caso dos homossexuais esse imperativo se torna explícito, prevalece sobre o de segredar. A imoralidade do mundo moderno teria como uma de suas faces mais condenáveis para a Igreja essa exposição em público do que deveria ser mantido ou vivido às escondidas: sociedade pornográfica (BAUDRILLARD, 2004).

A convivência de uma dupla moralidade, uma na vida privada e outra na vida pública, tão presente nas sociedades de maioria católica, talvez tenha aí sua explicação. Ao vir a público, o movimento homossexual rompeu com essa dupla moral, essa moral farisaica e hipócrita, segundo a qual o que importa fundamentalmente é evitar a publicidade dos fatos, como se apenas isso garantisse a não existência deles. A existência das práticas de violência e pedofilia no interior das instituições católicas, só agora reveladas com estridência, e com as quais a Igreja sempre demonstrou uma dificuldade de lidar publicamente, talvez sejam possibilitadas, entre outros fatores, por essa forma particular de encarar a relação entre silêncio e fala.

Se o poder pastoral previa o cuidar-se do rebanho e de cada ovelha em particular, nele aliava-se uma observação atenta de cada corpo em particular, adotando-se procedimentos de individuação e do conjunto que formavam, adotando-se procedimentos voltados para o cuidado e gerência do coletivo. Foucault (1999, p. 285-316) vai nos falar de como também, por rupturas históricas sucessivas, das quais não podemos tratar aqui, essa atenção ao singular está na origem das técnicas disciplinares que caracterizarão a ordem social moderna e suas instituições, enquanto esse olhar de conjunto sobre a população fará emergir as biopolíticas, formas de governo dirigidas não apenas aos indivíduos, mas às massas urbanas que emergem na sociedade urbano-industrial.

Se na Idade Média prevaleciam as técnicas de governo que constituíam o que ele chama de modelo da lepra, pois buscavam isolar os indivíduos, colocá-los para fora do convívio social, na modernidade operará o modelo da peste, em que se trata de esquadrinhar e controlar a população, ao mesmo tempo que fixa e localiza os indivíduos. Contudo o que me parece relevante para encerrarmos esta discussão sobre o discurso cristão e o caso referente a esse discurso que escolhemos para analisar, mediante as reflexões foucaultianas, é como a sociedade disciplinar vai atualizar o dispositivo do exame de consciência da pastoral cristã, como vai generalizar e tornar a principal maneira de se produzir sujeitos na modernidade: este voltar-se para si mesmo, este confessar-se inicialmente a si mesmo para depois confessar aos outros, esta busca de dizer a si para si mesmo, esta procura de uma verdade para si, para que possa ser então revelada.

Quando no final do documento em análise se define qual a atitude esperada daqueles que viveriam a condição homossexual, delineia-se, também, de forma explícita, que tipo de relação o homossexual deveria ter para consigo mesmo. Perguntando-se como deveria agir um homossexual que gostaria de seguir o Senhor, portanto, que gostaria de fazer parte de seu rebanho, de não ser uma ovelha desgarrada, negra, enjeitada, de como poderia retornar ao aprisco, ou seja, ao curral do Senhor, recomenda-se que este faça, em sua vida, a Sua vontade, que o obedeça, que se submeta a esse poder incontornável que é o do Senhor. Em seguida destacamos o que poderíamos considerar o trecho mais grotesco desse discurso, pois, ao mesmo tempo que desqualifica seu emissor, reforça e repõe o seu poder.

> Substancialmente, tais pessoas são chamadas a realizar a vontade de Deus na sua vida, unindo ao sacrifício da cruz do Senhor todo sofrimento e dificuldade que possam experimentar por causa da sua condição. Para quem crê, a cruz é um sacrifício frutuoso, pois daquela morte derivam a vida e a redenção. Ainda que se possa prever que qualquer convite a carregar a cruz ou a compreender de tal forma o sofrimento do cristão será ridicularizado por alguns, é preciso recordar que é este o caminho da salvação para todos aqueles que seguem o Cristo.

Embora reconheça que possa ser tomado como expressão discursiva do ridículo, esse discurso incita os homossexuais a considerarem sua condição uma cruz a carregar, mas a carregar em silêncio, resignadamente. Após reafirmar a imagem de que a homossexualidade deve ser motivo de sofrimento e dificuldades, advoga que os homossexuais devem sacrificar o seu desejo, não os externando através de práticas e atitudes.

Mais uma vez o catolicismo parece optar pelo silêncio, pelo segredo, pelo mistério, em vez de optar pela palavra, pela ação, pela revelação. Os homossexuais são chamados, em nome da salvação depois da morte, a se mortificarem em vida, a manterem consigo mesmos uma relação de negação e de rejeição. Contraditoriamente, são chamados a amar a Deus e a odiarem o corpo, a carne que teria a imagem e semelhança desse Deus criador. Os homossexuais deveriam adotar uma relação de si para consigo, adotar processos de subjetivação que levassem à autocomiseração e à autodepreciação.

Atualizando a pastoral da carne, o documento lembra que segundo Paulo: "Não podeis pertencer a Cristo sem crucificar a carne com as suas paixões e os seus desejos "(*Gal* 5, 22. 24). O próprio documento chamará essa atitude de "atitude de autorrenegação", mas dará a ela um sentido positivo, já que significaria a entrega da vida do sujeito homossexual nas mãos do Senhor, que daria em troca vida em lugar de morte – numa muito particular forma de pensar a vida –, praticando a virtude em lugar do vício. Portanto, vemos surgir mais uma noção moral para enquadrar as práticas homossexuais, a noção de vício, noção vaga, do senso comum, lábil o suficiente para adquirir o conteúdo que a ela se queira dar a cada vez.

Abrir mão da própria vontade para realizar a vontade do Senhor, que parece nunca querer pouco ou deixar por menos, seria uma curiosa manifestação de amor dos homens por Deus, já que a cruz seria também uma expressão do amor de Deus pelos homens. Essa curiosa associação entre um instrumento de tortura e morte e o amor talvez deixasse Ubu lívido de surpresa ou de indignação. Assim como Deus doou a vida de seu Filho para a salvação dos homens, estes, principalmente se forem homens e mulheres homossexuais, deveriam doar suas vidas, praticando a castidade, silenciando seus desejos e corpos, tornando suas vidas uma penitência em honra e glória desse Deus tão bondoso e pouco exigente e discricionário.

Em uma de suas inúmeras frases de impacto e de conteúdo muito feliz, Foucault afirmou numa entrevista que "durante séculos as religiões não puderam suportar que contassem suas histórias" (FOUCAULT, 1994, p. 160). Elas parecem sempre querer o silêncio, o não dito, o segredo, para que seus discursos e suas verdades, pretensamente eternas, universais, atemporais, possam prevalecer e se apoderar da vida e das subjetividades das pessoas, possam moldar, criar sujeitos e subjetividades conformes e conformados com verdades sustentadas por conceitos e noções adjetivas, pueris, do senso comum, quando não grotescas, que veiculam preconceito, ignorância e ignomínia.

Confissão é um gesto que se requer só dos fiéis. Revelação, só da palavra do Senhor e de sua verdade, que cada uma diz encarnar. Por isso, é preciso fazer a história das religiões, a história das práticas e dos discursos das religiões, é preciso analisar as relações de poder e saber que elas sustentam e que as legitimam como instituições sociais, é preciso analisar os mecanismos e as relações através dos quais constroem e mantêm seus rebanhos. É preciso falar sobre elas, revelar as estratégias e táticas que as mantêm como referências para a elaboração de inúmeras subjetividades em nossos dias. Romper o silêncio sobre as religiões para que o silêncio que provocam, o sofrimento silencioso e mudo que ensejam, possa gritar às consciências e tornar estridente o protesto contra os modos de sujeição e subjetivação que põem em funcionamento, gerando, em muitos casos, a morte, quase sempre a mortificação, em nome da vida e de Deus, este ser que é puro silêncio, e que merece ter outras vozes e outras instituições, com menos sangue e morte em suas mãos, a falar em seu nome. Por isso, as religiões não gostam da história, esta conta os inúmeros crimes que cometeram e continuam cometendo, tudo em nome de Deus.

Referências

BAUDRILLARD, J. *Da sedução*. 5. ed. Campinas: Papirus, 2004.

BROWN, P. *Corpo e sociedade*. Rio de Janeiro: Jorge Zahar, 1990.

CASSIRER, E. *A filosofia do iluminismo*. 3. ed. Campinas: Unicamp, 1997.

CASTRO, E. *Vocabulário de Foucault*: um percurso pelos seus temas, conceitos e autores. Belo Horizonte: Autêntica, 2009.

CONGREGAÇÃO PARA A DOUTRINA DA FÉ. *Carta aos Bispos da Igreja Católica sobre o atendimento pastoral das pessoas homossexuais*. Roma: [s.n.], 1986. Disponível em: <http://www.promotoresdavida.org.br/noticias/242-carta-aos-bispos-da--igreja-catolica-sobre-o-atendimento-pastoral-das-pessoas-homossexuais-1986>. Acesso em: 25 nov. 2010.

FOUCAULT, M. *A hermenêutica do sujeito*. 3. ed. São Paulo: Martins Fontes, 2010.

FOUCAULT, M. *Em defesa da sociedade*: curso no Collège de France (1975-1976). São Paulo: Martins Fontes, 1999.

FOUCAULT, M. *Dits et écrits*. Paris: Gallimard, 1994. v. 4.

FOUCAULT, M. *História da sexualidade II*: o uso dos prazeres. 12 ed. Rio de Janeiro: Graal, 2007.

FOUCAULT, M. *História da sexualidade III*: o cuidado de si. 9 ed. Rio de Janeiro: Graal, 2007.

FOUCAULT, M. *Nascimento da biopolítica*. São Paulo: Martins Fontes, 2008.

FOUCAULT, M. *Os anormais*: curso no Collège de France (1974-1975). São Paulo: Martins Fontes, 2001.

CAPÍTULO 10

Entre o assujeitamento e a constituição de si: pastoral cristã à luz de Michel Foucault[*]

Edelcio Ottaviani

André Luiz Fabra

Jerry Adriano Chacon

Como é sabido, no discurso eclesial e teológico, a utilização do termo *pastoral* é um dado corrente e indica, particularmente, a prática da Igreja Católica nos meios sociais e políticos, por meio de comunidades eclesiais e dos movimentos espirituais.

Em outras áreas do saber, a utilização indiscriminada dessa terminologia gera desconfiança, perplexidade e prevenção, pois seus dispositivos e tecnologias tendem a *controlar e tolher a ação e o pensamento* daqueles que pastoreia, instaurando um policiamento que impede o exercício da liberdade em meio aos jogos de poder (FOUCAULT, 2006b, p. 367).

Em suma, trata-se de perceber, aqui, o encontro de perspectivas distintas, com instrumentos de análise e de ação específicos. Para os agentes da ação pastoral, a perspectiva de Michel Foucault pode ser vista como um entrave à prática pastoral e algo a ser veementemente combatido. É o caso, como veremos, do Opus Dei. Nós, à luz da *prática* e da *Teologia da Libertação*, preferimos vê-la como um desafio.

Entrar em contato com o pensamento de Foucault; *aprofundar* suas múltiplas perspectivas ao analisar o exercício de poder e sua ligação intrínseca com a manifestação da verdade; *tornar visível* a economia política da instituição eclesial e os efeitos de seus dispositivos de governamentalidade; e, finalmente, *tomar Foucault como um crítico rigoroso* da prática pastoral como *incitação* à ação que resiste às práticas de dominação, tomando para si a

---

[*] Este estudo foi publicado em uma primeira versão na Revista *História Agora*, v. 11, p. 154-173, 2011, a qual, autorizou esta publicação.

responsabilidade do governo de si em meio às instituições voltadas para o governo dos outros: eis os objetivos a serem perseguidos, do qual este trabalho não é mais que o passo inicial.

Características do poder pastoral

Na conclusão de seu curso *Território, segurança, população*, apresentado no Collège de France durante o primeiro trimestre de 1978, Foucault procura demonstrar como os dispositivos de controle, próprios ao pastorado cristão, outrora nas mãos dos clérigos e pastores, foram secularizados e passaram a ser exercidos pelo Estado Moderno como instrumentos de poder sobre a população.

Poder *individualizante*, o poder pastoral é apresentado por Michel Foucault como um poder exercido não somente sobre o conjunto dos indivíduos (população), mas sobre a vida de cada indivíduo em particular, nos seus mais ínfimos detalhes. É o que ele denomina *Omnes et Singulatim*, poder sobre todos e cada um, cujos dispositivos visam tornar os indivíduos *dóceis e úteis* aos interesses do exercício do poder.

O poder pastoral introduz, além das tecnologias de exercício de poder tais como a confissão, uma verdadeira economia de circulação, transferência e inversão dos méritos. No cristianismo a virtude da humildade será a máscara da obediência pela obediência. Ser obediente para ser obediente, eis a finalidade da mestria inculcada nessa mecânica de sujeição. Ela demarcará o lugar hierárquico do indivíduo na rede de servidões. Há uma individualização por sujeição; há a produção de uma verdade interior, uma sujeição, uma subjetivação. Identificação analítica, sujeição, subjetivação são procedimentos de individualização utilizados pelo pastorado cristão e suas instituições.

Para Foucault, o poder pastoral agrega à força do poder soberano e à imperceptibilidade do poder disciplinar a *onipresença controladora*, por meio do *poder* exercido sobre *a consciência*. Poder contar com um grau cada vez maior de *previsibilidade sobre as ações* em relação àqueles que são imprevisíveis por excelência é ter um controle sobre todos e cada um, na particularidade de seus atos. Eis o *porquê* do poder pastoral, na modernidade, ser tão próximo das estatísticas, pois elas indicam em que grau e em que sentido devem ser operadas as ações sobre os indivíduos que formam as populações de forma a esperar deles o que se deseja (FOUCAULT, 2008, p. 14).

Objetos previsíveis sobre os quais se exerce o poder, os seres humanos são também *sujeitos imprevisíveis* na medida em que são portadores de desejos. *Indivíduo-objeto* (dócil, útil e mudo), esse mesmo indivíduo é percebido como *sujeito de desejos desconhecidos* que devem ser revelados. No âmbito do poder pastoral, para que se tenha desse *indivíduo-sujeito de desejos* um real controle, é preciso que ele fale. Daí a compreensão de que o poder pastoral, embora lance mão dos dispositivos do poder disciplinar, deva ir mais além.

Segundo Foucault, foi por meio da institucionalização da confissão que a Igreja procurou responder à ameaça da imprevisibilidade subjetiva. As técnicas e os manuais de confissão, instituídos a partir do Concílio de Latrão (1215), atestam como ela adquire uma importância e um lugar privilegiados. Doravante, o reconhecimento do indivíduo não passa mais pela referência aos outros, no âmbito da comunidade, em meio a qual a verdade de si se revela aos outros pelo contraste entre gestos e palavras. Destarte, o reconhecimento do indivíduo passa pelo discurso de verdade que ele próprio profere ao confessor que, com o advento reiterado da confissão, tenta lidar com um mínimo de imprevisibilidade por parte do sujeito que confessa.

No universo das confidências, uma ênfase especial será dada à sexualidade; afinal, a necessidade de dizer a verdade sobre o sexo se apoia sobre a ideia de que "é dentro do corpo e dos seus desejos que pode ser encontrada a verdade mais profunda sobre o ser humano" (FOUCAULT, 2008, p. 14).

Resumindo, o curso *Segurança, território, população* demonstra que o alvo do poder pastoral não é o direito à morte, a exemplo do poder soberano; ou o poder sobre a vida individual, característica do poder disciplinar, mas um poder sobre a vida de uma multiplicidade em movimento, sobre a vida da população (FOUCAULT, 2008, p. 28). A necessidade de manter um controle sobre ela fez com que a antiga matriz da individualização-sujeito de desejos e prazeres, centralizada na mão dos sacerdotes, passasse para "autoridades distintas da autoridade religiosa, como médicos, psiquiatras e pesquisadores em ciências sociais" (FONSECA, 2003, p. 96).

Essa prática secularizada da confissão sobre o sexo, como tecnologia de extração e formulação de verdade, resulta na problemática, sempre presente no pensamento de Foucault: *a questão do sujeito e seu acesso à verdade*, ainda que tratada sob múltiplas perspectivas.

Noções de governamentalidade

Depois de ter abordado o problema dos mecanismos de segurança e que dizem respeito à população, Foucault se volta para o problema do governo, mais propriamente para a tríade *segurança-população-governo*, em que se coloca não somente o problema do governo dos outros, mas também o que diz respeito ao governo de si (FOUCAULT, 2008, p. 118).

Destarte, a questão fundamental é colocada nestes termos: "como se governar, como ser governado, como governar os outros, por quem devemos aceitar ser governados, como fazer para ser o melhor governador possível?" (Foucault, 2008, p. 118). Há de se pensar também nas finalidades e nos métodos do governo. Segundo Foucault, essas questões irrompem como resultante de dois processos: primeiro, a formação dos grandes estados; segundo, a escolha da forma de direção espiritual, aqui na terra, rumo à salvação pessoal. A Reforma e a Contrarreforma são exemplos disso.

Afinal, é preciso pensar que, com o advento da população concentrada nas cidades, com sua circulação, seu movimento, suas multiplicidades, uma arte de governar diferente do governo da família se fez necessária. É nesse sentido que vemos irromper, na modernidade, a passagem de uma arte de governar para uma ciência política (Foucault, 2008, p. 141). Com o advento da população, a soberania e a disciplina não serão superadas, mas aplicadas de uma forma diferenciada. Esta última será ainda mais importante, a partir do momento que uma administração mais sutil e detalhada da população se fará sentir, em razão dos riscos de epidemias, convulsões sociais provindas de relações injustas entre trabalho e acúmulo de riqueza. Arte de governar que fará uso constante das estatísticas como forma de compreender esses fenômenos e evitá-los. Por tudo isso é que Foucault se volta para uma história da "governamentalidade", especificando o que ele entende por isso:

> Em primeiro lugar, ela deve ser compreendida como o conjunto constituído pelas instituições, os procedimentos, análises e reflexões que permitem exercer o poder sobre a população por meio de um instrumento técnico essencial que são "os dispositivos de segurança". Em segundo lugar, entenda-se por governamentalidade a tendência a sobrepor o poder pastoral, que podemos chamar de "governo" sobre todos os outros – soberania, disciplina – por uma série de aparelhos específicos de governo e pelo desenvolvimento de toda uma série de saberes. Finalmente, por governamentalidade deve-se entender o resultado do processo pelo qual o Estado de Justiça da Idade Média, que nos séculos XV e XVI se tornou o Estado administrativo, viu-se pouco a pouco "governamentalizado" (Foucault, 2008, p. 143-144).

A mestria como caminho à constituição de si

A obra *Hermenêutica do sujeito* inscreve-se nesse novo deslocamento operado pelo pensamento de Foucault. Nela, apresentam-se os elementos primordiais inerentes à prática de si, como estilo de vida de um indivíduo que não se quer mais *objeto dócil e útil*, nem mesmo sujeito sobre o qual se imprime uma verdade e do qual são reprimidos os desejos. *Governo dos vivos* (1980), *Governo de si e Governo dos outros I e II* (1983-1984) atestam um moto que será constantemente retomado por Foucault: "aquele que não tem governo de si, não pode governar os outros". É na busca desse governo de si, como forma de resistência ao jogo das dominações, que Foucault direcionará sua atenção à tradição greco-romana e às filosofias que desenvolveram todo um pensamento sobre a constituição de si.Verdadeira preparação às provas da vida, a estilística da existência é também o testemunho daqueles que, explorando os sofrimentos, são capazes de dizer a seus concidadãos que é possível triunfar sobre os males da vida, "e que há para isto um caminho que eles podem ensinar" (FOUCAULT, 2006a, p. 535). Nesse universo, emerge também a importância da *relação mestre-discípulo*, pois essas tradições atestavam que ninguém pode fazer *um exercício de si mesmo*, ninguém pode chegar ao *conhecimento de si mesmo*, a fim de tornar-se uma obra de arte, sem a presença de um outro. No caminho de formar sua própria beleza, o mestre (o outro) é indispensável.

Segundo Foucault, a função do mestre é de levar o discípulo a um conhecimento e a um cuidado de si, por meio da palavra verdadeira para consigo e para com os outros (*parresia*), desenhando o que poderíamos chamar de direcionamento da consciência, que não era uma prerrogativa da pastoral cristã, mas uma prática que já ocorria nas sociedades greco-romanas desde a Antiguidade. O objetivo da prática da direção de consciência, nessas sociedades, era fazer com que o indivíduo examinado pudesse ter um *cuidado de si mesmo, tornando-se senhor de si*. Era uma condição de poder de si sobre si. Em síntese, de acordo com Michel Foucault, "a direção de consciência era voluntária, episódica, consoladora, e passava, em certos momentos, pelo exame de consciência" (FOUCAULT, 2006b, p. 240). À luz de Foucault, podemos dizer que em não poucas instituições cristãs acabou-se por haver uma direção de consciência não voluntária e, em casos específicos, obrigatória, absolutamente permanente durante toda a vida, é o que demonstraremos a seguir.

Pastoralidade e assujeitamento

O que ora apresentamos é uma análise de alguns mecanismos e tecnologias concernentes a um organismo da Igreja Católica. Ela poderia ser desenvolvida a partir do estudo e da pesquisa sobre práticas pastorais de outras denominações religiosas ou mesmo de uma ou outra congregação religiosa católica. O fato de nos atermos às práticas de direção de consciência operadas por membros da Opus Dei deve-se ao material disponível, isto é, depoimentos de antigos membros, cuja seriedade intelectual e moral é publicamente conhecida nos meios religiosos e acadêmicos, e que estão inscritos no livro *Opus Dei, os bastidores: história, análise, testemunhos*, de autoria dos professores Jean Lauand, Dario Fortes Ferreira e Marcio Fernandes Silva.[1]

Os autores manifestam que seu desconforto em relação à Opus Dei teve início quando, em nome dessa santificação, tiveram de deixar de ser "o que eram" e passaram a ser coagidos ao que o seu diretor espiritual desejava que eles fossem. Em outras palavras, para estudiosos que eram, tratava-se de renegar o famoso dito de Píndaro "torna-te o que tu és", por meio de um cuidadoso trabalho de si sobre si, para tornarem-se instrumentos "úteis e dóceis" aos interesses da *Obra*.

Por meio de vários testemunhos de ex-numerários,[2] foi possível notar que o *cuidado de si*, como fundamento ao *cuidado dos outros*, dá lugar a um renunciar-se a si e, consequentemente, a anulação da própria vontade e do exercício de sua liberdade. Segundo seus autores, o que se nota é uma efetiva despersonalização ou desintegração da subjetividade, por conta de um agir mecânico motivado pelo diretor da casa em que vivem os numerários ou as numerárias (FERREIRA; LAUAND; SILVA, 2005, p. 28).

O culto à personalidade do fundador, feito de maneira acrítica,[3] aponta para uma obediência cega e mecânica de seus escritos, sem falar no complexo de culpa incutido nas pessoas que desejam sair da *Obra*, deixando transparecer que "fora da Obra não há salvação". Contrariamente à perspectiva da construção do sujeito ético, tão próxima do anúncio de Jesus, o que se vê é uma *despersonalização do indivíduo*, que deve abrir mão de sua autonomia, sua família e suas amizades; despersonalização calcada num rigoroso e diuturno processo de doutrinação (FERREIRA; LAUAND; SILVA, 2005, p. 11).

O Opus Dei gera em seus membros, com as técnicas de direção espiritual e ênfase na obstinada confissão semanal, uma dependência cada vez maior à vontade e aos critérios de discernimento do diretor espiritual e uma infantilização cada vez maior do orientado, que não poucas vezes

---

[1] Este livro leva em consideração o conhecimento de causa dos autores: *pessoas que conheceram e conhecem* internamente a realidade institucional do Opus Dei. Não se procura com este texto atacar pessoas que fazem parte da *Obra*, mas as práticas relatadas pelos autores e sua relação com o poder disciplinar e de controle que impedem o desenvolvimento do cuidado de si (*epiméleia heautou*).

[2] Os numerários formam a elite da instituição, são os membros internos. No Opus Dei há uma categorização própria dos seus membros: numerários, supranumerários, adscritos, adjuntos, sacerdotes numerários, cooperadores, numerárias auxiliares.

[3] Em relação a uma aceitação não crítica do fundador os autores afirmam o seguinte: "tudo será contado como uma história divina, em que a heroicidade do fundador está sempre patente e em que o céu todo, com todos os santos, mostra-se empenhado em que seja realizada a Obra de Deus". (FERREIRA; LAUAND; SILVA, 2005, p. 34).

termina por estar psicologicamente desorientado (FERREIRA; LAUAND; SILVA, 2005, p. 24, 84). Segundo os autores, não são poucos aqueles que acabam por entrar num estado latente de depressão e que são constantemente medicados por psiquiatras a serviço da própria obra.

Como diz Jean Lauand: com tantas restrições, é uma "pena que o Opus Dei não confie no único filtro realmente eficaz: a liberdade responsável" (FERREIRA; LAUAND; SILVA, 2005, p. 54), para a qual os métodos e tecnologias aplicados estão longe de formar.

As práticas pastorais: um outro olhar

A análise de Foucault sobre as práticas de dominação no decorrer da história procurou indicar sua gênese (*Herkunft*), em seus respectivos contextos histórico-culturais (FOUCAULT, 1986, p. 15-37); buscou também evidenciar os elementos que constituíram essas práticas e seus desdobramentos e consequências tanto no âmbito social quanto individual. Com isso, Foucault pôde buscar, na história, inspiração para desenvolver não somente formas de resistência em relação a elas, mas também modos de constituição de um indivíduo não sujeitado.

Foucault pontua muito objetivamente sua análise histórica na busca das origens das formas de dominação nas sociedades (formas de governo, instituições, paradigmas culturais e religiosos) e como emergência (*Entstehung)* das tecnologias de poder.

Enquanto existem alguns movimentos das Igrejas cristãs em que as práticas de dominação dos indivíduos os levam a uma renúncia de si, como vimos acima, é preciso destacar também *a prática da constituição de si* operada nas Comunidades Eclesiais de Bases (CEBs).

Nos anos 1970 e 80, em toda a América Latina e particularmente no Brasil, a experiência das CEBs, animada pela *Práxis e pela Teologia da Libertação*, pôde externar o que significou as ações e as palavras de Jesus nos movimentos sociais contrários ao regime militar. Um "sim" seguido de um "não", segundo Nietzsche. No livro *Brasil Nunca Mais*, redigido pela Comissão de Justiça e Paz da Arquidiocese de São Paulo, contemplamos a resistência e o engajamento de dezenas de cristãos e não cristãos torturados e perseguidos por acreditarem que o Brasil poderia ser um país mais justo e democrático, onde não fosse tolhida a prática da liberdade.

A práxis de Jesus, testemunhada por membros das CEBs, trouxe um sopro novo à vida política e religiosa do país. Numerosos foram aqueles que puderam desenvolver suas habilidades e experimentar verdadeiras práticas de subjetivação. O poder emanado de suas mãos deflagrou greves e enfrentou a fúria dos soldados, em meio a piquetes e protestos, colocando novamente nas urnas um voto livre e sem coação. Na égide de novos tempos e na construção de uma nova conjuntura política, a práxis dos membros das CEBs demonstrou que a prática religiosa, em particular o cristianismo, longe de ser um instrumento de decadência e alienação, pôde se configurar como atitude potente em favor da vida.

Por meio dos bons encontros, em meio às celebrações litúrgicas e cursos de capacitação, os membros das CEBs subverteram os mecanismos de controle governamentais, que investem na fixação e no confinamento das populações pobres nas áreas periféricas dos centros urbanos. Eles partiram para manifestações nas grandes vias econômicas e comerciais das áreas centrais, tais como aquelas vizinhas à Avenida Paulista, em São Paulo, protestando frente a embaixadas, secretarias da saúde e habitação. Romperam com os confinamentos e promoveram a mistura, o encontro com o diferente, dizendo, assim, um "não" à homogeneização. À universalização jurídica do direito, eles contrapuseram uma história política das lutas para fazer valer os direitos singulares, invertendo valores, rompendo com as simetrias e afirmando a perspectiva dos de "baixo": negros, pobres e marginalizados.

À diferença da ação puramente assistencialista, inspirada nas organizações filantrópicas e piedosas do século passado, a práxis das CEBs foi ao encontro dos pobres, restabelecendo-lhes a confiança em sua luta por libertação.

À guisa de conclusão

Com este ensaio, auxiliados por Foucault, queremos dizer que há práticas que libertam e práticas que assujeitam e escravizam e que as comunidades religiosas, em sua ação pastoral, não poucas vezes se apresentam como verdadeiras estruturas de dominação. A análise do poder pastoral, com seus dispositivos de controle, o prova. Nosso objetivo não foi outro senão o de atentarmos para uma realidade sempre vivida, mas nem sempre refletida: a do exercício negativo da prática pastoral, com suas tecnologias de controle, que em nada contribui para a constituição do sujeito livre e do reinado de Deus, cuja tradição profética atesta a ausência de dominação.

Pela análise de Foucault, pudemos refletir sobre nossa condição de indivíduos inseridos em realidades múltiplas, submetidos a forças muitas vezes não desveladas que nos influenciam e conduzem. Pudemos ver também que não há nada que possa, efetivamente, nos determinar.

> Queremos a companhia daqueles que são capazes de criar e que não temem colocar-se a si mesmos em risco. É preciso ser severo na crítica da política e do homem da modernidade que só almeja o bem estar e o conforto. Este se torna presa fácil para o banquete do Estado. Uma nova

modalidade de sociabilidade política exige a companhia dos que se unem, não por suas carências, mas pelo gosto da experimentação e da diferença, dos que criam e só obedecem à vida. E a vida é excessiva e transbordante, é pródiga em doar (OTTAVIANI; TÓTORA, 2010, p. 31).

Sabemos todos que a prática pastoral tem também suas implicações políticas. Os engajamentos sociais das Comunidades Eclesiais de Base é um exemplo disso. A vivência de seus membros, em meio às lutas sociais, lhes forneceu uma oportunidade para se perceberem como sujeitos capazes de falar com ousadia (*parresia*) não só frente às autoridades políticas, mas também frente às autoridades eclesiais. Por causa disso, as CEBs se tornaram alvo de reiteradas críticas por parte do Magistério da Igreja, que passou a vê-las como um veículo das teses marxistas, insufladas pela "luta de classes" (CONGREGATIO PRO DOCTRINA FIDEI, 1987, p. 29). O que o Magistério Universal da Igreja não conseguiu perceber, em sua tendência à generalização, foi o aspecto multiforme da *práxis da libertação*. No que diz respeito ao Magistério Particular, os membros das CEBs souberam viver uma efetiva comunhão com o dirigente da Igreja local quando sentiram que suas vozes eram ouvidas e que seu saber não era nem menosprezado nem abafado em nome de uma formulação ideal da doutrina social ou moral. Juntos e mais próximos da vida real, procuraram saídas pastorais aos impasses provocados por uma ordem social injusta e pelas transformações no campo da moral sexual. O princípio misericórdia, tão próprio ao espírito evangélico de Jesus, os encorajava a discutir a disciplina, por exemplo, que excluía da mesa da comunhão os casais em segunda união. Por essa ousadia, as CEBs foram acusadas de recusarem as orientações do Magistério Universal e de não levarem em consideração um princípio estabelecido pelo próprio Jesus. Infelizmente, essas tensões, ao invés de serem tomadas como testemunho de um exercício efetivo da liberdade, onde há o espaço para o franco falar com vistas uma aproximação maior da verdade, tem sido compreendida como uma insubordinação e desobediência aos ditames do Magistério, enquanto instância autêntica de interpretação da Palavra Revelada. Atualmente, a Igreja vive um impasse em que está em jogo o seu próprio futuro, pois, ou ela reafirma sua autoridade por meio de uma abertura à descentralização e ao espírito de colegialidade anunciado pelo Concílio Vaticano II, respeitando as decisões da *Igreja Particular* e abdicando de um controle excessivo por parte da Cúria Romana, ou ela mantém firme sua inclinação à centralização das decisões e corre o risco de ver partir pouco a pouco seus seguidores, que não viram como último recurso à inflexão do que a resistência afirmada por meio da deserção

Referências

CONGREGATIO PRO DOCTRINA FIDEI. *Instrução sobre alguns aspectos da "Teologia da Libertação"*. 2. ed. São Paulo: Paulinas, 1987.

FERREIRA, D. F.; LAUAND, J.; SILVA, M. F. *Opus Dei, os bastidores: história, análise, testemunhos*. Campinas:Verus, 2005.

FONSECA, M. A. da. *Michel Foucault e o direito*. São Paulo: Max Limonad, 2002.

FONSECA, M. A. da. *Michel Foucault e a constituição do sujeito*. São Paulo: EDUC, 2003.

FOUCAULT, M. *A hermenêutica do sujeito*. São Paulo: Martins Fontes, 2006a.

FOUCAULT, M. *Ditos e escritos IV*: estratégia poder-saber. 2. ed. Rio de Janeiro: Forense Universitária, 2006b.

FOUCAULT, M. *Microfísica do poder*. 6. ed. Rio de Janeiro: Graal, 1986.

FOUCAULT, M. *Segurança, território, população*. São Paulo: Martins Fontes, 2008.

OTTAVIANI, E.; TÓTORA, S. *Educação e extensão universitária*: FOCO-Vestibular, um experimento da diferença. São Paulo: Paulinas, 2010.

Os autores

Alfredo dos Santos Oliva

Possui graduação em Teologia pelo Seminário Teológico Antônio de Godoy Sobrinho (1991), graduação em História pela Universidade Estadual de Londrina (1993), mestrado em Teologia pelo Seminário Teológico Batista do Norte do Brasil (1999), mestrado em Sociologia pela Universidade Federal do Ceará (2001) e doutorado em História pela Unesp, Universidade Estadual Paulista Júlio de Mesquita Filho (2005). Atualmente é professor adjunto da Universidade Estadual de Londrina. Autor do livro *A história do Diabo no Brasil*. 1. ed. São Paulo: Fonte, 2007.

Anthony Manicki

É normalista na l'École Normale Supérieure Lettres et Sciences Humaines de Lyon, onde coordena o laboratório "As fontes de Michel Foucault". Sob a orientação de Michel Senellart, concluiu o mestrado com a dissertação *As instituições espirituais. Enfoques filosóficos da institucionalização das práticas espirituais no cristianismo primitivo*. Atualmente, também sob orientação de Senellart, na ENS de Lyon, França, conclui sua tese *A parte do diabo. O problema da sexualidade no cristianismo dos primeiros tempos(século II-VI)*.

Cesar Candiotto

Doutor em Filosofia pela Pontifícia Universidade Católica de São Paulo (2005) com estágio doutoral na Université Paris XII e no Centre Michel Foucault. Bacharel e licenciado em Filosofia pela Pontifícia Universidade Católica do Paraná (1991) e Bacharel em Teologia pela Pontifícia Universidad Católica de Chile (1997). Professor do Curso de Filosofia e do Programa de Pós-Graduação em Filosofia da Pontifícia Universidade Católica do Paraná. Autor do livro *Foucault e a crítica da verdade*. Belo Horizonte: Autêntica; Curitiba: Champagnat, 2010.

Durval Muniz de Albuquerque Júnior

Possui graduação em Licenciatura Plena em História pela Universidade Estadual da Paraíba (1982), mestrado em História pela Universidade Estadual de Campinas (1988) e doutorado em História pela Universidade Estadual de Campinas (1994). Atualmente é colaborador da Universidade Federal de Pernambuco, professor titular da Universidade Federal do Rio Grande do Norte. Autor do livro *A Invenção do Nordeste e outras artes*. 5a. ed. São Paulo: Cortez, 2011; co-organizador do livro *Cartografias de Foucault*. Belo Horizonte: Autêntica, 2008.

Edelcio Ottaviani

Possui graduação em Filosofia pelo Centro Universitário Assunção-UNIFAI (1984), graduação em Teologia pela Pontifícia Faculdade de Teologia Nossa Senhora d'Assunção (1988), mestrado em Filosofia - Université Catholique de Louvain (1992) e Possui graduação em Filosofia pelo Centro Universitário Assunção - UNIFAI (1984), graduação em Teologia pela Pontifícia Faculdade de Teologia Nossa Senhora d'Assunção (1988), mestrado em Filosofia pela Université Catholique de Louvain (1992) e doutorado em Filosofia, nesta mesma universidade. Atualmente é Vice-reitor do Centro Universitário Assunção, professor do Departamento de Teologia Fundamental da PUCSP. Exerce seu ministério presbiteral na Arquidiocese de São Paulo, tendo sido ordenado sacerdote em 10 de dezembro de 1988.

Hélio Rebello Cardoso Jr.

Possui graduação em História pela Universidade Federal de Outro Preto, mestrado em Filosofia pela Universidade Estadual de Campinas (1991) e doutorado em Filosofia pela Universidade Estadual de Campinas (1995). É professor associado da Universidade Estadual de Londrina. Professor adjunto de Filosofia da Universidade Estadual Paulista Júlio de Mesquita Filho. É autor do livro *Enredos de Clio: pensar e escrever a história com Paul Veyne*. Sã Paulo: UNESP, 2003.

José Luís Câmara Leme

Professor de Filosofia na Universidade Nova de Lisboa/FCT, desde 1989. Doutorou-se em Epistemologia das Ciências com uma tese sobre a experiência da verdade em M. Foucault. Tem várias publicações sobre M. Foucault, H. Arendt, Filosofia Política e Cultura Contemporânea. É membro da comissão executiva do Centro de História da Ciência e da Tecnologia da UNL e da Universidade de Lisboa.

Kleber Prado Filho

Graduado em Psicologia pela Pontifícia Universidade Católica de Minas Gerais (1977), mestre em Administração pela Universidade Federal de Santa Catarina (1989) e doutor em Sociologia pela Universidade de São Paulo (1998). É professor do departamento de Psicologia da Universidade Federal de Santa Catarina e autor dos livros *Michel Foucault: Uma História da Governamentalidade*. Rio de Janeiro: Achiamé/Insular, 2006; e *Michel Foucault: Uma história política da verdade*. Rio de Janeiro: Achiamé/ Insular, 2006.

Michel Senellart

Doutor em Filosofia. Professor de Filosofia na École Normale Supérieure de Lyon (ENS). Editor dos cursos de Michel Foucault no Collège de France, anos 1978 et 1979 (*Sécurité, territoire, population* et *Naissance de la biopolitique*). Paris: Gallimard–Le Seuil, 2004. Autor dos livros *Machiavélisme et raison d'Etat*, Paris, PUF, coll. "Philosophies", 1989 e *As artes de governar*. São Paulo: Editora 34, 2006. Editor do curso de Michel Foucault em vias de publicação *Du gouvernement des vivants,* de 1980.

Pedro de Souza

Possui graduação pela Universidade Metodista de São Paulo (1979), mestrado em Língua Portuguesa pela Pontifícia Universidade Católica de São Paulo (1987) e doutorado em Lingüística pela Universidade Estadual de Campinas (1993). Atualmente é professor associado I da Universidade Federal de Santa Catarina. É autor do livro *Michel Foucault. O trajeto da voz na ordem do discurso*. Campinas: Editora RG, 2009.

Philippe Chevalier

Doutor em Filosofia pela Université Paris-Est. Trabalha na Biblioteca Nacional da França. Publicou, recentemente, *Michel Foucault et le christianisme*, Lyon, ENS éditions, 2011 et *Être soi, Actualité de Søren Kierkegaard*, Paris, François Bourin, 2011.

Este livro foi composto com tipografia Bembo e impresso
em papel Off Set 75 g/m² na Formato Artes Gráfica.